Willy Peter Müller

TRÄUME VERSTEHEN

Psychologische und spirituelle Traumdeutung

DRACHENMOND VERLAG

Das zu dieser Einführung optimal passende Nachschlagewerk, das Lexikon „Traum-Symbole“ von Willy Peter Müller, ist unter der ISBN 978-3-931989-59-0 ebenfalls im Drachenmond Verlag erschienen.

www.traumpsychologie.de

DRACHENMOND VERLAG
Astrid Behrendt
Rheinstraße 60
51371 Leverkusen
http: www.drachenmond.de
E-Mail: info@drachenmond.de

Satz & Layout & Umschlag:
Astrid Behrendt, Leverkusen
Umschlag nach einem Entwurf von Pascal Hertleif
Umschlagfotografie: Courtesy of
ESO/J. Emerson/VISTA.
Acknowledgment: Cambridge Astronomical Survey Unit
Fotografien: S.8, 18, 130, 154: Pascal Hertleif
(www.flickr.com/photos/killercup/)
S. 36,172,224: Astrid Behrendt
Druck: Advantage Printpool, Gilching

2. Auflage 06/2012
ISBN 978-3-931989-58-3

„Träume sind unparteiisch, der Willkür des Bewusstseins
entzogene, spontane Produkte der unbewussten Seele.
Sie sind reine Natur und deshalb von unverfälschter,
natürlicher Wahrheit ..."

Carl Gustav Jung[1)]

„Niemand zweifelt an der Wichtigkeit des bewussten
Erlebens, warum sollte man dann an der Bedeutung
des unbewussten Geschehens zweifeln?
Es ist auch unser Leben, manchmal sogar mehr
und gefährlicher oder hilfreicher als das Tagleben."

Carl Gustav Jung[2)]

„Trauet euren Träumen,
denn das Tor der Ewigkeit ist darin verborgen."

Khalil Gibran[3)]

„Die Wahrheit ist dem Menschen zumutbar."

Ingeborg Bachmann

Inhalt

I.

Einleitung

Der Traum ist Wahrheit. Und die Wahrheit heilt.

Die moderne Traumforschung fasst die Erkenntnisse der großen Traumforscher, z.B. Sigmund Freuds und Carl Gustav Jungs, zusammen und zieht nicht einseitig eine Traumdeutungsschule oder eine Methode vor. Sie würdigt auch die Antike, die Volkskunde, das in alten Zeiten und an vielen Orten verstreute Wissen über die Träume, beispielsweise bei Artemidor von Daldis (2. Jh. n. Chr.), im Byzantinischen Traumbuch (Mittelalter), in den Schriften der Weltreligionen. Auch räumt die fortschrittliche Traumdeutung mit hartnäckigen Irrtümern auf. Seit Jahrzehnten findet man sowohl in der Populär- als auch in der Fachliteratur die Behauptung, der Mensch träume nur in einigen flacheren Schlafphasen der Nacht, in den sogenannten REM-Phasen („rapid eye movement" = schnelle Augenbewegungen unter den Lidern im Schlaf), und sonst träume er nicht. Heute weiß man, dass man grundsätzlich immer träumt, sobald das Bewusstsein die Kontrolle an das Unbewusste abgegeben hat, also im Schlafzustand.[4)] Träume in den Tiefschlafphasen sind aber erheblich schwerer zu erinnern. Außerdem bedient man sich heute bei der Traumanalyse der Hilfe von Computern bzw. statistischen Verfahren.[5)]

Die moderne Traumforschung überwindet auch zu enge, zu wissenschaftsgläubig oder zu materialistisch eingestellte Ansätze, ebenso wie zu okkulte Ansätze. So glaubte man lange, in der Schulwissenschaft, der Traum zeige nie Zukunft, sondern eher nur Wünsche (wie bei Freud), oder er habe thematisch immer mit dem eigenen, dem träumenden, dem traumproduzierenden Ich zu tun. Mittlerweile hat aber beispielsweise die Physik (z.B. Einstein mit seiner Relativitätstheorie) den Begriff der „Zeit" relativiert und uminterpretiert, so dass Zukunftsträume wissenschaftlich im Prinzip nicht mehr undenkbar sind. Und die moderne Familienpsychologie (Systemische Therapie) andererseits öffnet die Türen für das Verständnis der Tatsache, dass man nicht nur von sich, sondern auch von anderen Menschen träumen kann, bzw. deren Komplexe und Traumata im Unbewussten haben kann, also z.B. von den Vorfahren und deren Kriegserlebnissen träumen kann. Weiterhin gültig ist jedoch, dass die Mehrheit der Träume aus sogenannten psychologischen „Verarbeitungsträumen" besteht. Seriöse Trauminterpretation fasst, um das faszinierende Kino unserer Nächte zu verstehen, gediegenes Wissen vorurteilslos aus allen Quellen zusammen, stellt also eine Synthese der Theorien her.

Obgleich die Träume oft einen verarbeitenden Bezug zum „rezenten Material" (Freud), d.h. zu den Tageseindrücken, haben, ist auf Folgendes hinzuweisen: Der Traum ist ein anderer Zustand – als Tagesaktivität, Wachsein, Bewusstsein, rationales Denken. Und deshalb spricht er auch oft von einem anderen Zustand als dem üblichen wachen Alltag. D.h. die

Inhalte sind zur Art und Weise, sind zum Wesen des Traumes adäquat, ähnlich und affin. Ein indianischer Ureinwohner sprach von seinen, ihm genuinen Lebensumständen, etwa von der Jagd, und nicht von der ihm fremden Raketentechnik. Und so spricht der Traum von s e i n e m Metier. Der Traum spricht von der Dimension, von der Welt, die seine ist, nach deren Gesetzen er funktioniert, in der er existiert und lebt. Des Traumes Heimat ist eine Trans-Welt. Es ist die Welt ohne bewusste Erinnerung, ohne Artikulations-, Sprachfähigkeit, beispielsweise die nicht-bewusste Zeit von der Geburt bis zum dritten Lebensjahr. Des Traumes Informationen stammen aus all den Welten, die mit ihm korrespondieren und harmonieren, und nicht primär aus dem typischen, bewussten, wachen Alltagsleben, welches ihm fremd ist (ist man geneigt zu sagen).

An erster Stelle dieser „anderen" Welten ist das psychologische Unbewusste zu nennen.
An zweiter die erwähnte frühe Kindheit.
An dritter die geistige Welt, das Unsichtbare, wo, als Metapher gesagt, Trolle und Engel und andere Wesen ein mögliches Leben haben.
An vierter Stelle ist des Traumes alternative Welt, aber gerade seine sehr eigene, der postmortale Zustand.
An fünfter die pränatale Welt, welche aus der Schwangerschaftszeit besteht und aus der übergreifenden großen Vorgeschichte vor der Zeugung.

Nehmen wir die Reflexe der realen Welt im Traum hinzu und am anderen Ende der Skala den nirwana-ähnlichen Auflösungszustand (etwas wie die selige Leere oder die Erleuchtung), kommen wir genau auf „sieben“ Traumzustände, wie sie in den heiligen Schriften der Hindus erwähnt sind.

Zweck dieser Beobachtung hier ist jedoch besonders, sich noch einmal klarzumachen, dass der Traum sehr oft aus einer Trans-, Transitwelt berichtet, aus einer Dimension, die nicht einfach der real beschreibbaren, ratio-orientierten wachen Welt entspricht; der Traum berichtet aus seiner Heimat, und die ist eher mystisch, transzendent, symbolisch-fließend zu nennen. Das Bewusstsein ist eitel, wenn es meint, der Traum arbeite, eventuell sogar ausschließlich, für die rationale Erkenntnis; wie jeder ignorante Mensch geht das Bewusstsein nur von sich aus. Der Traum arbeitet nicht primär für das Bewusstsein, sondern für das Größere, das ist die Seele; man könnte auch sagen: für die Entwicklung der Ganzheit (vgl. C.G. Jung); oder man könnte sagen: für die Sammlung von Weisheit und für den Durchbruch der Liebe. Träume arbeiten für die Evolution, nicht für ein kleinliches Ich-Bewusstsein. Die Trauminformationen gehören öfter, als man denkt, spirituellen Dimensionen an, welche aber die materielle Alltagswelt durchaus betrachten, berücksichtigen und interpretieren. Man könnte es so formulieren: Die materielle Welt der Dinge wird vom Geist, vom Unbewussten und Traum, angeschaut und verstanden und dadurch auch anders, vielleicht höher, wahrer, bewertet. Diese Bewertung des Alltagsgeschehens kommt dann im Schlaf zum Vorschein, so dass der Traum Realität (a) abbildet, gefiltert durch den Geist (b) des höheren Selbst, oder anders ausgedrückt zwei Perspektiven anwendet, nämlich bewusst und unbewusst. Das ist also zu bedenken für die Trauminterpretationen: Wo ist der Traum zu Hause? Oder man sollte sich fragen: Von wo genau berichtet der Traum? Die Antwort für die freien Geister ist: Er berichtet von seiner Heimat, wo die bewusste und die unbewusste Perspektive zusammenfallen, oder wo Ewigkeit und Zeit kein Widerspruch mehr sind oder wo, wie im Surrealismus, zwei Realitätsebenen zugleich dargestellt werden.

Bisher wurde in den Traumbüchern vernachlässigt, dass es viele spirituelle Träume gibt. Solche Träume enthalten Informationen über die pränatale und die postmortale Welt, über die Ewigkeit und den Sinn des Kosmos. Auch wurde gern übersehen, dass außerordentlich häufig der Geburtsprozess im Traum erneut durchgemacht wird, wiederholt wird. Und dass drittens jedes Individuum von einem besonderen Spezialthema in den Träumen ein Leben lang begleitet wird, d.h. jede Biografie hat „ihr" bevorzugtes Thema. Wenn z.B. ein Junge 1944 geboren ist und 1945 den Vater im Krieg verloren hat, wird das Thema Vaterverlust ihn in seinen Träumen nie verlassen; ähnlich handelt eine Tochter ihr Muttertrauma ein Leben lang ab. Solches Übersehene und Vernachlässigte wird im vorliegenden Traumbuch berücksichtigt.

Die Sprache des Traumes ist die Bildersprache. Anders ausgedrückt: Das Unbewusste artikuliert sich, begreift sich, lebt sich aus, „spricht" in Symbolen und Gleichnissen. Neben aller Psychologie muss man für das Traumdeuten über ein Symbolwissen verfügen, das ist unabdingbar. Psychologisch sollte man ein gewisses hinreichendes Verständnis für das Unbewusste haben, denn dieses produziert den Traum und drückt ihm seinen Stempel auf. Nun gibt es aber viele Theorien des Unbewussten, das sind Annahmen, Arbeitshypothesen in verschiedenen psychologischen und philosophischen oder spirituellen Richtungen. Z.B. könnte dies alles das Unbewusste sein:

- die Sammlung aller Erinnerungen,
- die Speicherung der Traumata und Frustrationen,
- alle vorgegebenen und erworbenen Wünsche (vgl. Freud und die Indianer),
- die Triebe,
- das nach Omnipotenz strebende Ego,
- ein Relikt aus dem Überwusstsein oder dem Himmel, etwas wie ein Fünklein Gottes (vgl. Meister Eckhart oder Zen),
- die Summe der Evolution oder wenigstens der menschlichen Vorfahren (Darwin),
- die Liebe, mit dem Bemühen um Vollkommenheit (Jesus),
- das intensive kompensatorische Prinzip (A. Adler),
- der Wille zur Macht (Nietzsche),
- der Sex, d.h. der Erostrieb (oder etwa gar umgekehrt der Thanatostrieb?),
- die Unsterblichkeit,
- die früheren Leben oder das Karma,
- das Pränatale und/oder das Postmortale,
- der Wille zum Leben (Schopenhauer),
- eine einzige ständige, vielleicht übertriebene Todabwehr,
- oder die Natur, das Primitive?

Das Unbewusste ist das Nichtgewusste, alle seine Definitionen sind hypothetisch bzw. verifizierbar nur aus seinen Produktionen und Ergebnissen heraus. Unsere Kenntnis des Unbewussten ist also nur eine indirekte, sie ergibt sich aus den Folgen seiner Aktivität. Einigkeit (in der Wissenschaft) besteht darin, dass es uns enorm und geheim im Alltag motiviert (1) und dass es die Träume produziert (2). Hinzufügen kann man, dass Kenntnis, Integrierung, Akzeptanz des Unbewussten (3) uns ganzer und heiler machen. Wenn wir aber unser Unbewusstes nicht kennen, es zudem verleugnen und bestreiten, kann das Grund für eine unauthentische, vielleicht zerrüttete, instabile oder widersprüchliche Persönlichkeit und auch für diverse psychische Krankheiten sein. Mit Sigmund Freud teilen wir die Ansicht, dass der ideale Weg, die „via regia", zur Kenntnis des Unbewussten die Deutung der Träume ist. Und dass die Aufklärung darüber „Wer bin ich eigentlich?", die Bewusstmachung des Verborgenen also, einen Heilungsaspekt hat. Wird nicht latent überall in der Welt die Frage gestellt: „Wer bin ich? Wozu lebe ich hier?", also die Sinn-Frage, die so unbekannt ist und deren Beantwortung uns aber so sehr befriedigen würde? Den Sinn, das Genuine von uns selbst, die Wahrheit, unsere heile Identität zu finden, dazu dient der Traum. Um Traumatisierungen, Zerstörungen, besonders Entfremdungen und Manipulationen rückgängig zu machen bzw. wenigstens die daraus folgenden Belastungen abzumildern, dazu ist er da. Die Geliebte des Traumes ist die Wahrheit.

Das vorliegende Traumbuch ist auf praktische Anwendbarkeit hin angelegt. Die Traumtheorien und die Wissenschaft werden keineswegs übergangen, jedoch kurz und knapp dargestellt. Ziel des Buches sind Effektivität, Nützlichkeit und Nutzbarkeit. Dabei kann man auch auszugsweise einsteigen und muss nicht kontinuierlich alles durchlesen.

Neu an dem Buch, einer modernen Trauminterpretation entsprechend, ist unter anderem, dass neben herkömmlich-psychologischer Deutung das Spirituelle ausreichend gewürdigt wird und dass berücksichtigt wird, dass der Geburtsvorgang und das Pränatale sehr oft im Traum vorkommen.

II.

Die verschiedenen Traumsorten

Man unterscheidet viele Arten von Träumen. Das hat sich so eingebürgert und ist sinnvoll, wenn auch ein wenig willkürlich. Die Definitionen der Traumsorten sind Arbeitshypothesen, d.h. Werkzeuge, mit denen man gut und praktikabel vorgehen kann. Aber gleich zu Anfang ist zu sagen, dass Träume meist mehrdimensional sind. Wir müssen also die Einteilung in Traumsorten, wenigstens zuletzt, gegen Ende einer jeden Deutung, stark relativieren, auch wenn man zu Beginn, um ins Verstehen eines Traumes einzusteigen, davon zunächst ausgehen kann. Ähnlich wie man einem Traum einen Titel geben kann, ohne aber eine solche Überschrift letztlich zu ernst zu nehmen.

Mochte man auch früher die Träume als göttliche Gedanken oder als „Sprache der Liebe" (Gotthilf Heinrich Schubert) verstehen, so sind heutzutage am bekanntesten die „**Wunschträume**" (1). Jedem Traum unterstellte Sigmund Freud, der Begründer der Psychoanalyse, dass er eine Wunschanmeldung, mit Kompromissen, ausdrücke. Dazu ist zu sagen, dass eine große Zahl von Träumen tatsächlich energetisch Unerledigtes, einem unbewussten Wunsch entsprechend, hochspült oder aufzeigt, ggf. auch endlich durchführt, dass man also öfters von Wunschträumen ausgehen kann. Bei dieser Perspektive, das ist bei der Freudschen Interpretation, ist die Motivation betont, das unbewusste Streben nach etwas, d.h. nach Befriedigung, Aufklärung, Annahme. Diese Motivation oder Energie kann man als „Wünschen“ bezeichnen. Die Darstellung selbst im Traum ist aber eher faktisch.

Im Gegensatz zu den unbewussten Wünschen stehen die sehr zahlreichen „**Wahrheitsträume**“. Träume zeigen sogar in erster Linie den Istzustand. Sie sind eine **Bestandsaufnahme** (2), unabhängig davon, dass man sie wegen der Symbolsprache nicht versteht. Träume beruhen auf Fakten – das ist das Erste, was der Traumdeuter berücksichtigen muss. Niemand bildet sich etwas ein, könnte man sagen, das Unbewusste tut das schon gar nicht. Das Unbewusste ist quasi reine Natur (C.G. Jung) und im Prinzip gerade nicht beeinflusst, manipuliert. Ungeschminkt zeigt der Traum das Ist. Er ist keine Halluzination. Übrigens noch wahrer als das, was man selbst träumt oder im Traum sagt, ist das, was andere im eigenen Traum über einen sagen; die Bestandsaufnahme durch andere ist besonders zutreffend.

Wohl alle früheren Kulturen dieser Welt deuteten Träume als Prognostik, und so sprechen wir also von der Traumsorte der „**Zukunftsträume**“ (3). Diese sind nicht so überaus häufig. Aber manch einer hat schon Kriege exakt vorausgeträumt, diese Fälle sind belegt. Bzgl. des Ersten Weltkriegs wird z.B. überliefert, dass der Bischof von Großwardein, Vertrauter des österreichischen Thronfolgers, vor dem Attentat von Sarajewo frühmorgens einen schwarzgeränderten Brief träumte sowie die Szene der Erschießung des Erzherzogs Franz Ferdinand. Und im Traum lautet der Text dieses Briefes:

„Euer bischöfliche Gnaden! Lieber Dr. Lanyl!
Teile Ihnen hiermit mit, dass ich heute mit meiner Frau in Sarajewo als Opfer eines politischen Meuchelmordes falle. Wir empfehlen uns Ihren frommen Gebeten und hl. Meßopfern und bitten Sie, unseren Kindern auch fernerhin in Liebe und Treue ergeben zu bleiben wie bisher.
Herzlichst grüßt Sie Erzherzog Franz, Sarajewo, 28. Juni 1914, halb vier morgens." [6]

Zukunftsträume sind sehr heikel. D.h. der Traumdeuter sollte hier sehr zurückhaltend sein. Fehlinterpretationen sind, wie bei den alten Orakeln, gang und gebe. Erst im Nachhinein kann man sie exakt erkennen, richtig verstehen, denn sie sind besonders stark chiffriert. Dass es Zukunftsträume gibt ist jedoch unbestreitbar. Vor dem Eintreffen der Zukunft entziehen sie sich aber in der Regel der Deutung. Auch das, was Hellseher sehen mögen (man denke an Nostradamus oder die Apokalypse), ist zwar symbolisch beeindruckend, aber für die Realität nahezu undeutbar. Der antike Schriftsteller Plutarch überliefert, dass Caesar vor seiner Ermordung durch einen Traum seiner Gattin auf diese unmittelbare Zukunft hingewiesen wurde. In einem Traum vor dem schrecklichen Tag beweinte sie bereits ihren ermordeten Mann. Als Traumsymbol sah sie, dass an ihrem Haus der „Giebel abgebrochen" war. Caesar war betroffen – ließ sich aber überreden, Frauenängste und Omina, auch diejenigen eines Hellsehers über die „Iden des März“ (Todesdatum), zu ignorieren und misszuverstehen, und wurde ermordet. Der (nicht-christliche) römische Kaiser Konstantin soll im Jahr 322 einen Sieg mit dem Christusmonogramm auf seinen Fahnen errungen haben. Das Christus-Zeichen hatte er anbringen lassen, weil Träume zuvor ihm sagten, dass er gerade mit diesem Zeichen siegen werde („in hoc signo vinces“). Nach seiner Regierungszeit dominierte das Christentum im alten Rom. Das „Periodensystem“ in der Naturwissenschaft beruht angeblich auch auf einem prognostischen Traum. Und so gäbe es noch viele Beispiele für Zukunftsträume. Einen eindeutigen Traum berichtet Homer in der „Ilias“: Die Psyche (Schatten-, Jenseits- oder Traumseele) des gefallenen Freundes Patroklos tritt zum Kopfende des schlafenden Helden Achill und prophezeit, ihm sei vorbestimmt, unter den Mauern der Troer bald zu sterben.

Es überwiegen aber insgesamt die „**Erinnerungsträume**“ (4), d.h. meist enthalten Träume die Vergangenheit. Fehlende Informationen, auch Verdrängtes an Gefühlen (energetisch Unerledigtes) kommt bei dieser Rückschau hinzu. Daher nennt man solche rückwärts gerichteten Träume auch gern **Verarbeitungsträume** (was allgemein ist und nicht viel Tiefes aussagt). Dabei denkt man aber meist viel zu kurz an den vergangenen Tag statt an die Anfänge der eigenen Biografie. – Zukunftsträume, nachgetragen, nennt man übrigens auch gern, wenn auch ungenau, „Klarträume“ (als sähe man die Zukunft, in einem Ausschnitt, klar vor sich liegen). – Man kann wohl sagen: Statistisch kommen der Erinnerungstraum und der Wahrheitstraum am häufigsten vor. Diese beiden Traumsorten fallen nicht selten zusammen.

Oft heißen auch **„luzide Träume“** (5) Klarträume. Luzides Träumen ist eigentlich ein Kuriosum (Oxymoron), denn lux = Licht ist der Feind des Traumes, zerstört ihn sofort. Gemeint ist: mit Training, Suggestion oder Semi-Bewusstsein in einen Traum einzugreifen, bzw. gerade wiederkehrende **Albträume** zu steuern – wenigstens zu steuern, was das Finale angeht. Dies könne man trainieren. Es geschieht manchmal auch beiläufig oder unabsichtlich: dass man weiß, dass man träumt, oder etwa, dass man im Traum jemanden einen Traum erzählt. Nach dem angeblichen Vorbild des Senoi-Stammes in Hinterindien sollen schlimme Träume durch Eingreifen, mit Hilfe eines positiven Bildes oder Ergebnisses, das man sich vorgenommen hat, zu einem guten Ende geführt werden. Die Beschäftigung mit luziden Träumen scheinen manche Professoren an manchen Universitäten zu präferieren, man hat jedoch den Eindruck, dass es einseitig ist und eingebettet ist in eine Art Machbarkeitsideologie. Selbst für den Fall, dass der Albtraum geschönt, verbessert wurde, also verändert wurde, was das Ziel des luziden Träumens ist, ist seine Grundlage nicht gelöscht: Die verbleibende Quelle wird also ein anderes Ventil suchen und ein anderes Symptom erzeugen (Symptomverschiebung).

Viel entscheidender als luzide Technik ist Folgendes: ein **„Albtraum“** (6) ist zu Ende, wenn er verstanden wurde! Was erkannt ist, kann man eher annehmen – und seinen Frieden damit schließen. Gerade Nicht-Bewusstes und Verdrängtes kommt immer wieder. Ist der Albtraum wirklich verstanden, kann der Geist sich sozusagen zum Herrn über den Albtraum aufschwingen – und der hat dann seine Macht verloren. Die Quelle, eigentliche Causa des Albtraums, die meist am Ende fehlt, kann in der Sippschaftsgeschichte (z.B. in Kriegsereignissen), also in den Eltern oder Onkeln oder in wem auch immer, vielleicht auch in der frühesten Kindheit oder in der Schwangerschaftszeit liegen oder z.B. in den letzten zwei Vor-Inkarnationen (sofern man die Wiedergeburtstheorie annimmt). Und dieser Fakt, der die Urquelle des Albtraums ist, muss gefunden werden – und wenn er gefunden ist, kommt der Albtraum nicht wieder.

Am Ende des unvollständigen Albtraums käme das Unerträgliche – doch vorher bricht der Traum in Angst, Panik oft ab. Z.B. bevor man in die Tiefe, in den Tod stürzen würde, wacht man auf. Es gibt diesen menschlichen Mechanismus auch im Wachsein: z.B. bei extremem Unfall kann ein Schock eintreten, der bedeutet Erinnerungsverlust. Eine ähnliche Ausblendung des Schlimmsten, des Unerträglichen ereignet sich bei einer sehr traurigen oder entsetzlichen Nachricht. Der Mensch sagt zuerst: „Das kann nicht wahr sein, das gibt es nicht!"

Das Traum-Ich sucht immer wieder den belastenden Inhalt zu erkennen, zu be- und verarbeiten. Meist geht es um eine Toderinnerung, Todesangst oder eine todnahe Begebenheit; aber auch andere Traumata sind möglich. Doch dieses so ganz Schlimme ist „unerträglich", kann nicht angeschaut werden wegen Nichtwissen, Verdrängung, wegen zu großen Schmerzes.

Halluzinationen sind Albträume nicht. Irgendwo existiert ein reales Ereignis als Quelle. Dies kann unbewusst ganz früh, z.B. bei der Geburt, in der Stillzeit stattgefunden haben. Damals befürchtete die Seele, befürchtete das Unbewusste etwas wie: „ich muss sterben"... Das Kollektive Unbewusste des C.G. Jung oder die Erkenntnisse der modernen Familienpsychologie („Die Macht des Clans") können zur Erklärung dafür herangezogen werden, dass große Traumata sich quasi ‚vererben', d.h. im Unbewussten in den Generationen tradiert werden. Das ist oft belegt: die Töchter haben, anscheinend ohne Grund, die gleichen Träume wie die Mütter oder besonders wie die z.B. durch Krieg traumatisierten Großmütter. Also lohnt es sich, das den Albtraum erzeugende auslösende, todnahe, angstmachende Urfaktum in der Geschichte zu suchen, und zwar unbedingt.

Das träumende Ich möchte ständig heilen, etwas erledigen, sich etwas bewusstmachen – aber es schafft es wieder nicht: das ist dann der Albtraum. Logischerweise kehrt der also wieder, weil sein Inhalt unerledigt ist. Eine Therapiemöglichkeit ist deshalb, sich durchzuspielen, vorzustellen, vielleicht auch im Rollenspiel durchzuagieren, was im fehlenden Ende des Albtraums kommen könnte – und da wird man auf das genannte „Unerträgliche" stoßen. Dazu muss man unbedingt berücksichtigen, dass Komplexe von Unbewusstem zu Unbewusstem wandern können! D.h. unbewusste Inhalte,

Traumata und Erfolge „wandern" von einer Generation zur anderen. Das „Unerträgliche" gilt es zu finden, zu fühlen, anzunehmen, wieder durchzuerleben. Ist dieses Schlimme erkannt und akzeptiert, hört der Albtraum auf.

Das zu den Albträumen Gesagte gilt allgemein für „**Angstträume**" (7) – die jedoch, im Unterschied zu klassischen Albträumen, auch durchaus in die Zukunft gerichtet sein können. Sie übertreiben gern, können also ggf. nur Befürchtungen sein, die so krass nicht oder gar nicht eintreten. Mehrheitlich sind sie aber auch Erinnerungen, die auf Fakten beruhen, jedoch leider mit einem zu diffusen, mit unklarem oder gar keinem Verstehen. Und das Unbewusste verbindet eine neue Situation mit einer vergleichbaren alten Situation, manchmal fehlerhaft, manchmal richtig, und meldet also in seiner Logik: Vorsicht, Vorsicht, Angst. Wie immer bei Angst, kann man auch bei Angstträumen nicht leichtfertig sagen, ob sie berechtigt oder falsch sind – das weiß man erst hinterher. Oft erscheinen Angstträume als Verfolgungsträume (man ist unterlegen, machtlos – was tatsächlich ein Grund für Angst ist).

„**Warnträume**" (8) sind ebenfalls erst hinterher richtig zu verstehen; sie können ja auch nur aus einer übertriebenen Befürchtung bestehen. Zumindest sollte man sie in folgender Form etwas ernstnehmen: dass man mit dem Problem, vor dem gewarnt wird, eventuell rechnen kann. Die Altvorderen sahen gern in Warnträumen göttliches Eingreifen. Das ist insofern nicht so abwegig, als das höhere Selbst oder das weise Unbewusste (z.B. des Sokrates' Daimonion als innere Stimme oder der Schamane im Menschen) oder die Intuition durchaus mehr wissen können als das Ich-Bewusstsein, und insofern dieses Selbst spirituell ist oder eine Art Gottnähe hat. Überhaupt können bildlich gesprochen ein Gott oder ein Engel durch diverse Arten von Eingebungen, so auch durch einen Traum, etwas mitteilen. Symbolisch haben wir kein Problem, den Alten Weisen oder die Weise Frau im Menschen, also die Imago oder die Figur, die Warnungen ausspricht, als quasi-göttlich zu bezeichnen. In früheren Zeiten, d.h. vor etwa 3.000 Jahren, wenn man etwa Homer liest, erhielten die Menschen die wichtigsten Hinweise durch Götter im Traum.

Hier berühren wir noch einmal die „**Zukunftsträume**", die eigentlich nie eklatant klar sind, sondern verschlüsselt wie das Orakel von Delphi oder die Sibyllinischen Bücher. Grundsätzlich sind sie missverständlich (doppeldeutig, ambivalent)- und erst hinterher zu verstehen. Dass die Zukunft uns versteckt ist, wird nicht aufgehoben. Besonders die Träume der Kinder zeigen manchmal ungeheuer beeindruckend das ganze Leben schon im Voraus, verschlüsselt natürlich. Rückblickend, etwa mit 60 Jahren, fällt es einem dann wie Schuppen von den Augen, dass wesentliche Linien der Biografie in dem kleinen Kindertraum schon vorhanden waren, und man staunt und schweigt betroffen oder auch irritiert. Jeder kleine Verarbeitungstraum hat latent auch eine Zukunftsdimension. Hier wollen wir auch erwähnen, dass eine Warnung eine Aufforderung beinhalten kann. Man kann sogar noch weiter gehen und von einer Verpflichtung sprechen. Solche Pflichten, von Gott oder welcher höheren Macht auch immer im Traum gegeben, kennen besonders Indianer (**Verpflichtungsträume**). Es ist anzumerken, dass wir, in Steigerung des Indianerwissens, unseren Lebens-Auftrag im Traum gezeigt bekommen können, in einer seltenen, hochspirituellen Traumqualität oder Traumsorte: die große individuelle **„Aufgabe“**.

„Prophetische Träume“, die jeder Mensch nach der zutreffenden Erkenntnis von Rudolf Steiner, dem Begründer der Anthroposophie, in der tiefsten Nacht hin und wieder hat, könnten wir als Begriff wählen für spirituelle Träume. Das sind Traumeingebungen mit unerwarteten, unüblichen Botschaften über das All, über den ganzen transzendenten Bereich. Wir wollen sie als kosmologische oder als „**religiöse Träume**“ (9) bezeichnen. Jeder Mensch hat virtuell, potentiell, latent das vollkommene Wissen über die Ewigkeit, über Aufbau und Ziel der Schöpfung, über Heilwesen, Krankheit, über das Gute und über Gott in sich. Als stünde er mit einem Bein im Himmel. „Fliegen“ und „Schweben“ (Materielosigkeit der Seele) findet sich in religiösen Träumen oft. Wer viele Träume aufschreibt und sammelt, wird zwangsläufig wieder religiös: er kann sich den ungeheuren Botschaften, den herrlichen kosmischen Wahrheiten nicht entziehen. Er steht zu sehr in dauerndem Kontakt mit der geistigen Welt, auch wenn er dies nicht sucht oder anstrebt. Wer träumt, berührt die Ewigkeit. Allerdings sind religiöse Träume nicht so häufig wie die psychologisch verarbeitenden Träume, auch manchmal als religiöse nicht zu erkennen, besonders jedoch sehr schwer erinnerbar. Je näher Träume der Alltagswelt, den Geschehnissen der dinglichen Welt, also der sogenannten Realität stehen – und diese Träume finden sich bevorzugt in den REM-Phasen –, umso eher können sie erinnert werden. Je ferner und transzendenter das Thema, umso schwieriger für das Verstehen. Als ganz grobes Maß lässt sich sagen: etwa nur jeder dreißigste Traum ist religiös. Die hochspirituelle Sicht in die Ewigkeit hinein ist vorzugsweise nur in den tiefsten Tiefschlafphasen möglich – daher werden religiöse Träume selten erinnert. Ein Kronzeuge für den Empfang religiöser Träume ist beispielsweise Mohammed, der Prophet des Islam – jeder Mensch hat jedoch unbewusst oder geheim diese Gabe. Ein Gipfel der Aussagen von religiösen Träumen ist: nur die Ewigkeit hat das Sein (wie es bereits Platon sagt), die Ego-Biografie und die Welt haben dagegen keine wirkliche Realität (vgl. dazu den Schleier der Maya). Oder: in der Nichtzweiheit herrschen totale Unveränderlichkeit, absolute Angstfreiheit, und das bedeutet ewige Seligkeit (Nirwana = Advaita).

Ein besonderes Phänomen stellen „**Komplementärträume**" (10) dar. Sie beinhalten das Gegenteil der Realität. Jedoch immer nur das genau passende Gegenteil, was im Prinzip „dazugehört", wie ein Duale, wie Yin zu Yang. Man kann eine These auch durch eine genau zu ihr passende Antithese ausdrücken. Das hat mit den Gesetzen der Symbolik zu tun: jedes Symbol ist ambivalent und enthält sein Gegenteil in sich, wie im chinesischen Weisheitsbuch I Ging. Irgendwo muss es immer den anderen Pol als Gegengewicht geben. „Lachen" kann also Trauern/Tränen meinen im Traum. Ein Misserfolg, im Traum durch-gehandelt, wie abgetan, erledigt und gebannt, oder als polare Möglichkeit durchgespielt, kann zu einem Erfolg in der Realität passen; d.h. Versagen in der Nacht passt zum Gelingen am Tag. Scherben bringen Glück (obwohl sie als Zerbrochenes das Gegenteil sind). Gegensätze gehören magisch zusammen. Der dümmste Sohn im Märchen ist der cleverste der Söhne. Auch in den Kot treten bringt Glück, oder ein ansonsten abgewertetes Schwein bringt Erfolg. Der Tod kann sein die Geburt oder eine Erneuerung. Im Volksmund sagt man: jemanden oder sich tot sehen bedeutet langes Leben. In Spanien heißt es: einen Bekannten im Traum tot oder sterbensnah sehen bedeutet, dass der Träumer ihm ein weiteres Stück Leben schenkt. Also wenn im Traum beschlossen ist, dass man stirbt, hat das mit Sterben in der Realität morgen nichts zu tun. Oder man träumt z.B., dass die Freundin überraschend früh und zugewandt morgens ins Haus kommt. Man kann ziemlich sicher davon ausgehen, dass sie in der Realität – komplementär, genau gegenteilig – verspätet eintreffen wird.

C.G. Jung besonders hat sowohl in der Traumdeutung als auch in der Charakterlehre das kompensatorische Gegenteil, das Komplementäre oft vorgefunden: der Unzuverlässigste verspricht am meisten, der Angeber hat das geringste Selbstwertgefühl. In ambivalenten Symbolen ist das Komplementäre gut zu erkennen. Im Raben haben wir den Unglücksraben, aber auch den allwissenden, weitsichtigen Boten (Odins Vogel), ein Attribut des Gottes; der Nachtvogel, der Kauz oder die Eule, bringt sowohl den Tod als auch die Weisheit.

Im Zusammenhang mit C.G. Jung soll noch der „**Kollektivtraum**“ (11) erwähnt werden. Wir könnten auch vom Häuptlingstraum oder Pharao-Traum sprechen. Gemeint ist, dass manchmal die Träume des Hauptes einer Gruppe eine Bedeutung für das ganze Kollektiv haben. Das trifft aber potentiell für jeden Menschen zu. Jedermann kann der Wissende, die Kassandra, im Traum, für das Schicksal seiner Gruppe sein. So sind einige Träume überliefert, in denen ein Krieg oder eine andere Katastrophen lange Zeit vorher und recht exakt voraus-geträumt wurden.

Zum Schluss müssen wir darauf hinweisen, dass die Traumsorten so sauber getrennt nie vorkommen. Es sind Ideal-, Mustertypen. Tatsächlich ist es so, dass ein- und derselbe Traum eine Botschaft enthält sowohl über das innere Geistige des Träumers als auch über sein äußeres Leben (nach dem Hermetischen Gesetz: außen = innen), dass er eine Erinnerung enthält, aber ebenso auch einen Bezug zum Jetzt wie auch eine Perspektive für die Zukunft, dass der Traum eine banale Alltagsrealität enthält und zugleich eine hochspirituelle, philosophische Erkenntnis dazu, dass er gleichzeitig über das Ich und über einige andere Personen spricht, dass er die Biografie, die Kosmologie und den göttlichen Lebensauftrag zugleich anspricht. Je nachdem welchen Deutungshebel man ansetzt, bekommt man verschiedene Antworten, welche sich eben oft nicht ausschließen, sondern ergänzen. Das gibt es auch im Leben, dass ein kleines Erlebnis zugleich etwas aussagt über das Gesamtkonzept eines Lebens oder eines typischen Charakters. Irgendein banaler Einsturz eines

Gebäudes kann, unbegreiflicherweise, ein Vorzeichen sein für eine Wende in der Geschichte der ganzen Stadt. Oder z.B. das Geburtsmuster kann prototypisch für das Lebensmuster stehen, oder irgendeine markante Erwartung (Suggestion) der Großmutter spiegelt sich wiederholt und nachhaltig in der Biografie eines Enkelkindes. Alle Bereiche unseres Lebens sind vernetzt, so z.B. unser Mentales mit dem Körper, unsere Vergangenheit mit der Zukunft oder unsere Individualität mit der Partnerwahl etc. pp. Wie das Leben ist auch der Traum ganzheitlich, kybernetisch, holografisch. Mit anderen Worten: bezüglich der Einteilung in Sorten sind **Träume multidimensional**, nicht eindeutig festzulegen und nicht in ein festes Schema zu pressen.

Elegant, aber auch unverbindlich wird die Vielfältigkeit des Traumes von zwei Sehern ausgedrückt (ob man diese nun ernstnimmt, als glaubwürdig ansieht oder nicht). Da ist einmal Seth in den Schriften der Jane Roberts, der mitteilt, dass Träume „**wahrscheinliche Leben**" seien, also Möglichkeiten, Optionen der Biografie, der Zukunft, die eintreten können, aber nicht müssen; das sind also „Wahrscheinlichkeiten", wie Lose, die im Schicksalstopf liegen, und nicht außerhalb. Ähnlich drückt sich das amerikanische Medium Edgar Cayce aus: Träume seien „**Visionen**, die Realität werden können" – aber eben nicht müssen. Man kann zu den hier gemeinten Traumqualitäten pragmatisch sagen, dass sie nach dem **Wenn-dann-Schema** ablaufen. Ein Beispiel: Zahnverlustträume sagen aus: ‚wenn es so weitergeht wie heute – dann wirst du sehr geschwächt und Verlierer sein, für die weitere Zukunft'. Zahnverlust ist Unterlegenheit, Machtlosigkeit, die uns tatsächlich immer einmal treffen kann. Aber vielleicht können wir uns am nächsten Tag durchsetzen, und das Zahnverlustthema ist schon aufgehoben, nur noch Geschichte. So sind auch gedachte göttliche Warnträume zu verstehen: „wenn weiter a) >> dann b)..." Bei Änderung der Alltagserfahrung tritt aber ein anderes „dann" oder „b)" in der Realität und im Traum auf. Von den im Traum durchgespielten, in der Zukunft möglich sein könnenden Lebensfäden werden einige Wirklichkeit, und diese sind dann die beeindruckenden Wahrheits- und Prognostikträume. Andere jedoch bleiben als Optionen, als Wunsch- oder Angstträume ewig unrealisiert – „hätten" aber durchaus eintreten können...

Im Sinne der naturwissenschaftlichen Beweisbarkeit und Wiederholbarkeit gibt es keine „wissenschaftlich" hundertprozentig sichere oder zur Zeit abschließende Theorie über den Traum. Alle Traumschulen, innerhalb der akademischen Welt, sind nur Arbeitshypothesen. Wir schauen auch darauf, was Seher, Außenseiter oder das gemeine Volk über das Wesen des Traums zu sagen haben. „Wahrheit kommt zu uns in Träumen", so sprachen die alten Indianer; als Wahrheit und Wissen galt der Traum, aus dem Reich des Manitou.

Für Hildegard von Bingen (1098-1179), die Prophetissima des Mittelalters, die ihre Eingebungen und Erleuchtungsschübe, im Wachzustand, „Visionen" nannte, war der Traum ein Gleichnis, also ein Analogon für den himmlischen Zustand im Paradies. Dort konnte man mit den Engeln sprechen und war in der göttlichen Harmonie aufgehoben. Aus diesem Harmoniebereich, so erlebte sie es, komme des Menschen Seele: „Adam aber hatte den Gleichklang mit der Stimme der Engel, den er im Paradies besaß, verloren, ist – wie einer, der beim Erwachen aus dem Schlafe von dem, was er im Traum geschaut, nichts oder nur Unsicheres weiß – dem Erkennen, mit dem er vor der Sünde begabt war, entschlafen." Ent-schlafen hier in dem Sinne: er ist heraus-geschlafen, er hat den Traum oder das Paradies verlassen, also die ideale Harmonie, den Verkehr mit den Engeln. Träumen heißt also bei Hildegard: mit dem Göttlichen, wenigstens mit den göttlichen Boten, oder mit der Ewigkeit in Kontakt sein. – Auch für Rudolf Steiner sind wir im Traum den „Propheten" ähnlich. – Und nach dem Erwachen, überhaupt in der sogenannten Realität, ist dieser extraordinäre Zustand verloren. Mit der Bemerkung über Adams Traum- und Paradiesverlust sei Hildegard „ein genialer Wurf gelungen" bezüglich „der Entdeckung des Unbewussten", meint ihre Biografin Helene M. Kastinger Riley.[7)]

Hildegard ist sogar eine frühe Beobachterin der REM-Phasen des Schlafes bzw. Traumes, in denen die Seele „gleichsam [...] ihre Augen in den Träumen herumspielen und ringsum Ausschau" nehmen lässt.[8)]

III.

Wichtige Grundsätze und praktische Ratschläge zur Traumdeutung

1. Subjektstufige und objektstufige Traumdeutung

Ein Traum wird „subjektstufig“ betrachtet und gedeutet, wenn der Deuter alle Inhalte, Einzelheiten des Traums auf den Träumer selbst und nicht auf andere Personen bezieht. Es wird dabei angenommen, im ganzen Traum bilden sich nur innerpsychische Vorgänge ab, alle Traumelemente sind oder seien Teile des träumenden „Subjekts“. Dann hätten wir einen Traum, der nur so produziert wäre und so zu deuten wäre: „Du begegnest immer dir selbst.“ Im Sanskrit heißt das: „tat twam asi“ = das alles bist du. In der Praxis ist dann die Entäußerung des unbewussten Inhalts per Traum in fremde Symbole und andere Personen „zurückzunehmen“. Das bedeutet, dass z.B. der Vater im Traum nicht der reale Vater in der objektiven Welt ist, sondern die eigene, innere väterlich-männliche Seite, dass die Ratte im Traum kein fremder Feind ist, sondern die eigene rättische Charakterseite, die natürlich bewusst gern geleugnet, verdrängt, abgespalten sein kann. Der Schaffner, der den Träumenden am Bahnhof aufhält, ist subjektstufig gedeutet der innere Widerstand gegen das Reisen, eine unbekannte Wesenseite im träumenden Subjekt, kein äußerer Gegner. Und das betrifft alle Traumelemente – sie sind lediglich als Bausteine der Selbsterkenntnis zu nutzen. Psychotherapeutisch hat diese Methode den Vorteil, dass man angeleitet wird oder gezwungen ist, unbekannte eigene seelische Inhalte anzusehen, anzunehmen, ja fast könnte man sagen: abgespaltene Teilpersönlichkeiten wieder zu re-integrieren. So können Ehrlichkeit, Wahrhaftigkeit, Identität, Ganzheit entstehen, das sind Teilaspekte von Heilung. Viele „Projektionen" auf andere Menschen werden so sinnvoll zurückgenommen, es werden der eigene „Schatten" und auch „Anima/Animus" angenommen. Die subjektstufige Traumdeutung lässt sich gut in Rollenspielen durchführen. Man versetzt sich dann nacheinander in alle Traumelemente, in den Drachen, in die Wolke, in den Tisch, in das Schwein, in den Under-Dog und beobachtet, was man z.B. als Schwein tut und wie man sich als Schwein fühlt. Das kann sehr nützlich für die Selbsterfahrung sein. Leider wird diese Methode auch übertrieben angewandt. Sie wird einseitig oder ausschließlich bevorzugt von Traumdeutern, die unfähig oder unwillig sind, die Quellen für die Entstehung eines Traumes in der Außenwelt oder in der Vorgeschichte aufzufinden, oder auch von Menschen die objektive Trauminformationen – ob nun über einen Partner oder über den Kosmos – gern verdrängen oder nicht verstehen.

Das Gegenteil zu dieser Methode ist die „objektstufige" Traumdeutung. Hier werden die Traumelemente zuerst einmal als tatsächliche Abbildungen von „Objekten" in der Außenwelt angesehen. Diese Objekte können sich im Personenumfeld des Träumers finden, in seiner Frühgeschichte, seiner Zukunft, im großen kollektiven Unbewussten der Sippschaftsgeschichte, in Beruf, Familie, Partnerschaft oder auch in geistigen Welten, also überall. Bei der Traumdeutung sollte man mit dieser Methode starten und danach die subjektstufige Methode zur Anwendung bringen. Objektstufig ist ein Schwein im Traum a) ein echtes Schwein (Tier) oder b) ein Kollege oder Besucher mit Schweinscharakter, also eine andere Person, nicht der Träumer. Meistens ist es unvermeidbar, einen Traum sowohl objekstufig als auch subjektstufig zu deuten. Und es hilft auch oft, mehr Sinn im Traum zu finden. Solange eine einzige simple Traumdeutungsmethode und -theorie nicht gefunden und definiert werden kann, muss man sowieso mehrere Deutungsschulen anwenden, und zwar um der wissenschaftlichen Redlichkeit willen wie um der eigenen Wahrhaftigkeit willen. Einfache Charaktere bevorzugen jedoch leider eine einfache, absolut zu setzende Vorgehensweise. Methodenvielfalt ist ein Muss der Traumdeutung. Insofern besteht also die dringende Empfehlung, wenigstens diese zwei Methoden, objektstufig und subjektstufig, anzuwenden.

Die beiden Methoden scheinen ein Gegensatz zu sein. Nämlich der zwischen Innenwelt und Außenwelt, zwischen objektiver Beobachtung und subjektivem Gefühl. In nicht einfach zu beschreibender Weise fällt dieser Gegensatz jedoch letztlich zusammen: alles was außen um uns herum sich ereignet, findet zugleich auch innen in uns statt. In mystischer Weise entsprechen die äußeren biografischen Ereignisse der inneren, meist unbewussten Seelenlandschaft. Diesen Zusammenhang, diese Deckungsgleichheit kann man bezeichnen als Synchronizität, als Schicksal oder Karma, als Auftrag oder Lehre, als magisches Weltbild (wie im Analogie-Denken oder in der ägyptischen Tabula Smaragdina, in welcher der Gott Hermes Trismegistos mystisch den Einklang von Oben und Unten, von Geist und Materie, von Außen und Innen beschreibt), als Einweihung – oder auch als blinden Zufall. Und so kann man das Zusammenfallen beider Aspekte ggf. auch leugnen. Von solchen Erklärungsversuchen oder Gedanken abgesehen (die man auch tatsächlich nicht unbedingt weiter verfolgen muss), hat es sich für die Traumdeutung jedenfalls als praktikabel und lehrreich, insgesamt als sehr effektiv erwiesen, sowohl objektstufig als auch subjektstufig an Trauminhalte heranzugehen. Dabei gilt die Faustregel, die subjektstufige Methode nie auszulassen, denn alle möglichen Objekte und Personen können durchaus stellvertretend für das Ich des Träumers stehen.

2. Fakten oder Symbolik?

Diese Frage stellt ein ähnliches Problem dar wie die Frage der Subjektstufigkeit oder der Objektstufigkeit. Beide Ansätze haben einiges für sich und sind letztlich keine Gegensätze. Bleiben wir aber zuerst einmal im antithetischen Denken, dann muss (einseitig) gesagt werden: Träume beruhen auf

Fakten. Sie sind keine Halluzination. Das Unbewusste bildet sich nichts ein. Das ist nicht seine Art, sondern es enthält im Gegenteil Wahrheit, mag diese auch verdrängt oder in Symbolform nicht verständlich sein. Konkrete Anlässe aus dem Leben, aus der Geschichte erzeugen Träume. Diese fußen immer auf echten Erlebnissen und spinnen sie fort, malen sie aus. Nur der bestreitet diese Fakten, der unfähig ist, sie als Grundlage zu finden. Das Konkretum als Auslöser und Quelle des Traumes muss nicht nur in der Biografie des Träumers liegen, auch nicht nur in der materiellen Welt. Sondern die einem Traum zugrunde liegenden Fakten, historischen Ereignisse können im Unbewussten eines anderen Menschen liegen, in der Sippschafts- und Vorfahrengeschichte (nicht selten), in den eigenen Anfängen vor Einsetzen der Erinnerungsfähigkeit, also vor dem 3. Lebensjahr, sehr oft auch können sie natal und pränatal geschehen sein, und manchmal auch in der geistigen Welt, im postmortalen Bereich liegen. Es gibt die Causae und Vorstufen in der Realität immer, auch im Pavor-Nocturnus-Traum (anscheinend unerklärlicher nächtlicher panischer Schrecken) eines zweijährigen Kindes. Dass die Causae aber durch Stellvertreter, „andere" ähnliche Ereignisse dargestellt werden, ist nicht selten, was die Auffindung der auslösenden historischen Realität erschwert. Fazit: Träume sind wörtlich und konkret zu nehmen, und sie beruhen auf Fakten.

Zugleich aber entspricht jede Außenwelt einer Innenwelt, und diese spricht in Bildern. Zusätzlich werden zur Darstellung des Konkreten/Außen auch gern Symbole verwandt (nicht immer), gerade wenn die Außenweltrealität durch das Medium Traum dargestellt wird, als würde ein expressionistischer Künstler Hand anlegen. Daher muss man die Erzählung über Faktisches wie ein Bilderbuch lesen. Es geht um einen Film über einen historischen Vorfall, in dem dieser in der eigenen künstlerischen Medialität und Sprache des Films, nicht in der historischen dargestellt wird. Ein echtes geschichtliches Ereignis wird mit filmischen Mitteln nahegebracht. Und so muss man „Film" verstehen und „Geschichte" verstehen, wenn man am Ende informiert sein will. Genauso ist jeder Traum sowohl konkret zu lesen als auch symbolisch, ist ein Faktum und zugleich ein Bildkunstwerk. Ähnlich wie in einer Sage die Historie versteckt ist, oder in einem Mythos ein psychologischer Fakt enthalten ist.

Die Symbolik ist deutbar und lässt erkennen, um welches Thema es sich handelt. Der Fakt ist gefunden – als erster Schritt. Der zweite Schritt der Traumdeutung ist dann: Wo (Wann, Wie) ist dieses Thema angesiedelt? Beim Träumer, bei einem anderen Menschen, in der Vorgeschichte, im Jenseits oder wo sonst? Die Zuordnung des Themas ist also sekundär.

3. Die Struktur des Traums

Die Struktur eines Traumes, so meint C.G. Jung, ähnelt dem Aufbau eines klassischen Dramas. Die Ausgangslage eines Traumes wird als „Exposition", Exposee bezeichnet. Etwa als Zusammenfassung in diesem Sinne zu verstehen: Um was geht es diesmal? Jung nennt den dann folgenden Schritt die „Verwicklung“, gekennzeichnet dadurch, dass nun das Unbewusste Informationen, in Bilderform, zum Thema beibringt. Die dritte Phase bezeichnet er als „Kulmination“ – wobei man beachten muss, dass in diesem Höhepunkt auch oft schon ein entscheidender Umschlag („Umschwung“) erfolgt. Hier kann ein Traum bereits, etwa ein Albtraum, ohne Ende oder Abschluss aufhören. Zuletzt kommt nach Jung die „Lysis“ = Lösung. Hinzufügen möchte ich, dass das „retardierende Moment“, wenn wir schon im Dramavergleich (nach den Theorien Lessings und Aristoteles') bleiben, auch oft sich einstellt. Es erschwert, verschiebt oder verunmöglicht gar die Lösung bzw. die Wahrheit, die Bewusstwerdung vor dem Abschluss; Freud nennt Ähnliches die „Traumentstellung“. Hier finden sich auch oft, etwa in der Mitte des Traumes, die entscheidenden Lücken, z.B. fehlender Name, fehlende Telefonnummer, und allgemein eine Art Wegdriften ins Unverstehbare. Die Exposition übrigens knüpft an die Aktualität, ans Tagesgeschehen an. Und hat sehr oft immer wieder das gleiche Thema, individuell auf einen Träumer, seine spezielle Biografie bezogen. Zum „Höhepunkt“ ist noch zu sagen, dass sich hier auch statt der Lücke genau die Hauptantwort, das zentrale, ggf. aufgedeckte, erschreckende oder beglückende Thema findet, gleichsam die den Traum bestimmende Haupt-Emotion. Das Ende eines Traums bringt nicht immer eine „Lösung“, sondern öfter führt es kryptisch zu einem Thema, Geschehen, was als Urcausa zu bezeichnen ist. Das meint: Hier könnte man die Lösung, die Antwort finden. Oder: In diesem angerissenen Geschehen liegen die Urgründe. Die Urcausa ist die Entstehungsgeschichte eines Komplexes oder Traumas bzw. der Anfang der Geschichte. In dieser Szenerie begann eigentlich und ehemals das Thema, das den Träumer beschäftigt. Ich spreche neutraler vom „Finale“ des Traums, das den eigentlichen Grund des großen oder erschreckenden oder beglückenden Gefühls verrät, das die Geheimantwort, ja die Aufklärung enthält.

Das Finale sagt oder verrät zum Traumthema, zum Traumgefühl: Da ist es entstanden; daher kommt es. In der Regel natürlich nur symbolisch, in Bildersprache. Und daher findet sich logischerweise der zeitlich früheste Punkt einer Geschichte, als Retour, wie eine Erstprägung, wie die griechische arche oder das lateinische principium, am Ende eines Traumes. Es wird also rückwärts erzählt, das „Finale“ wäre der Anfang: Das Finale ist ergo extrem wichtig für die Deutung. Ebenfalls logischerweise, leider, fehlt oft das Finale zu einem Traum (Traumabbruch, Wachwerden), nämlich dann, wenn die Urcausa nicht bewusstseinsfähig ist – sagen wir: nicht einmal im Unbewussten. Wenn Ende, Urgrund, Erkenntnis, Aufklärung, Gefühlsqualität unerträglich sind, bricht der Traum vor dem „Finale“ ab. Meist geschieht das, weil größtes Nichtwissen in einem bestimmten Punkt herrscht oder weil totale Todesangst herrscht. Das Nichtwissen kann darauf beruhen, dass der Träumer in der Sache extrem belogen worden ist, dass die Sache verdrängt ist oder (oft) dass die Sache vor der eigenen Erinnerungsfähigkeit lag, d.h. vor dem dritten Lebensjahr oder auch vor der Geburt. Das Finale ist im Grunde noch wichtiger als die Kulmination oder der Höhepunkt, die etwa in der Mitte des Traums geschehen. Denn die Information steigert sich im Laufe der Traumerzählung. Es findet eine „Klimax" statt wie in einer Dichtung. Die Hauptbotschaft eines Traums wird in seinem Verlauf, d.h. an wechselnden Beispielen abgehandelt, und zwar schrittweise genauer, tiefer, ehrlicher, wahrer, illusionsloser.

Die Struktur eines Traumes ist auch so gekennzeichnet, dass das Thema in "konzentrischen Ringen" abgehandelt wird. D.h. das Thema kommt öfter, als dasselbe, als das eigentliche, im Traum vor und wird durch verschiedene Szenen, Lebensstufen, Erfahrungen und Bilder/Archetypen dargestellt. Wie aus Lehrgründen. Der zentrale Inhalt, die Hauptbotschaft finden sich mehrmals im Traum. In der Peripherie des Aufbaus steckt der Kern als Information, ebenso in der Mitte wie auch im Finale oder im Anfang. Wiederholt, in wechselnder Symbolik – so beschreibt der Traum etwas. Wenn man also ein einziges Symbol entschlüsselt hat, hat man vielleicht schon den ganzen Traum verstanden. Das gilt besonders, wenn man das Hauptsymbol begriffen hat, in diesem Fall versteht man auch die anderen Symbolszenen. In einem größeren Traum mit Verfolgung, Einsperrung, Angst, Bedrohung öffnet sich das Verständnis, wenn man den zentral agierenden Aggressor, z.B. einen „Tiger" begriffen hat, wenn man weiß, wen dieser darstellt. An Märchen kann man es gut exemplifizieren: Versteht man den „Dornröschen"-Archetyp, eröffnet sich einem schlagartig der ganze Inhalt des Märchens und die Seele der Hauptfigur; oder es gilt den Archetyp „Eisenhans" zu verstehen, und wenn – dann kann man mit dieser ganzen Männlichkeits-Initiations-

Geschichte, mit dem Gesamtmärchen etwas anfangen; oder im Symbol „Frosch" (Fruchtbarkeit; schleimiger Charakter) steckt die konzentrierte Wahrheit des Froschkönig-Märchens.

Ein Merkmal des Traumes ist auch, dass er „extremisiert". In Übertreibungen, in besonders gefühlsstarken Bildern werden Erlebnisse, Gefühle, Botschaften dargestellt (nicht nur wiederholt, wie oben gesagt). Man könnte sagen: damit auch der Letzte es begreift. Die Eindringlichkeit hat vermutlich Lehrzwecke. Aber sie ist auch typisch menschlich. Wenn man sich in großer Gefahr, in der Nähe einer eventuellen, nur denkbaren Lebensgefahr, befindet, hat man das Gefühl, wie wenn man sterben müsste. Diese Übertreibung, Eindringlichkeit mag Lebens-Schutz-Funktion haben. Viele Befürchtungen oder gar Erlebnisse im Traum, den Tod zu erleiden, sind nur Ängste, sind Todesängste, aber keine Tode. Da passt die Logik S. Freuds: „alle Ängste sind Varianten der Todesangst" oder auch „Unbekanntes macht Angst". Ähnlich verhält es sich z.B. auch mit Nacktheits-, Schamträumen. Man durchlebt dann eine besonders große Peinlichkeit, ja fast einen Skandal, indem man etwa als Lehrer halbnackt vor der Klasse steht oder durch eine Fußgängerzone läuft. Da wird ein gewisses Maß an Selbstscham, Minderwertigkeitskomplex drastisch und eben übertrieben im Traum dargestellt. Diese Methode findet sich auch sonst im Charakter von Menschen, oder gern in der Kunst, in Spielfilmen, in der Propaganda. Extremisierung (mit Schwarz-Weiß-Malerei) als Darstellungsmittel ist also nicht unüblich.

Zu beachten sind auch „Traumserien“ (von Jung bereits erwähnt). Tatsächlich bauen die Träume Nacht für Nacht aufeinander auf. Natürlich nicht konsequent und dauernd, sondern die abwechselnden Tagesauslöser (Themenwechsel) sind dominierender. Jedoch gibt es Traumserien in besonders dieser Art: Ein wichtiges Thema aus einem wichtigen Traum beschäftigt den Menschen am Folgetag und überhaupt weiterhin. Dies kann innerlich unbewusst geschehen oder aber so, dass bewusst Gedanken, Bearbeitungen des Traums durchgeführt worden sind, vielleicht sogar eine sehr intensive Beschäftigung mit dem Thema am Tag danach. In der Folgenacht wird das Sujet erneut geträumt, dargestellt, u.a. auch weil es noch nicht ganz beendet, psychisch erledigt ist. Interessant ist nun, dass diesmal nicht dieselbe Antwort, Traumbotschaft gegeben wird, sondern eine Variante. Die Ansicht der Vornacht wird „korrigiert“. Die Deutung des Traumes am Vortag wird als zu einseitig, als noch nicht richtig angesehen. Das Unbewusste führt eine neue Interpretation durch (nicht das Bewusstsein, das denkt vielleicht, es hätte schon alles begriffen). Das Unbewusste bringt einen neuen, bisher übersehenen Aspekt bei, oder aber es verwirft die Vormeinung und korrigiert sie total. Immer in bezug auf das Resümee, das am Vortag das Bewusstsein in der Angelegenheit gezogen hat. So verbessert das Unbewusste durch Traumserien die Wahrheit und korrigiert die Eitelkeit des wachen Ichs, des Bewusstseins. Und man erkennt: die Traumfrage, das schwierige Thema hat mehrere Antworten, Aspekte (wie es ja auch oft im Leben der Fall ist).

Zur Struktur des Traums gehört auch ein „Wenn-dann-Schema". Bezogen auf den Vortag oder die aktuelle Situation, z.B. auf eine Partnerschaft, sagt der Traum: „wenn" du so und so weitermachst, „wenn" es so weitergeht wie heute, „dann" wirst du Folgendes erleben, „dann" wird auf Dauer sich dies Ergebnis einstellen, „dann" hat das Heutige diese, die folgende, die gezeigte Konsequenz. In solchen Träumen spricht höheres Wissen, eine Ahnung von der Zukunft, die intutiv-unbewusste Eingebung oder vielleicht auch eine höhere Macht. Die Macht erwähne ich deshalb, weil nämlich so genau die weltlichen und die religiösen „Warnträume" zu erklären sind. Dass es davon einige gibt, kann man nicht leugnen. Ein Beispiel sind die zahlreichen Zahnverlustträume: „Wenn" du unterlegen, schwach, besiegt, wie heute weitermachst, „dann" droht dir auf Dauer ein großer, arger Kraftverlust. Kann das Du sich am nächsten Tag in Beruf oder Familie aber durchsetzen, ist der Zahnverlusttraum mit einem Schlag überholt. Denn kommt ein neues „Wenn-Dann".

4. Bevorzugte Inhalte im Traum

Man kann das Erdenleben als Wettkampf zwischen dem von Freud beschriebenen Erostrieb und dem Thanatostrieb ansehen, d.h. das Streben nach Leben und der Todestrieb konkurrieren miteinander. Am Ende siegt die latente Todesgefahr, die Untergangsprogrammierung. Aber bis dahin erfüllt die Todabwehr und die Todvermeidung unsere Existenz.

Unbewusst beschäftigt uns also ständig die Frage: Überlebe ich oder muss ich sterben? Alle Macht- und Lustgewinne werden zur Steigerung der Überlebenskraft und Lebensmöglichkeit angesammelt. Alle Unluste, alle Verluste, die kleine Vor-Tode darstellen, werden vermieden. Und wie in diesem geschilderten Alltag ist auch im Traum das häufigste und wichtigste Thema: Tod oder Leben. Für biologische Wesen hat die Tatsache, dass dies, auch gern nur indirekt, das zentrale Thema ist, ein gewisse Logik. Indirekt wird die Tod-oder-Lebens-Frage auch abgehandelt in Träumen, in denen das Ego gefährdet oder dominierend ist, also wo es um Niederlage, Schwäche oder um Sich-Durchsetzen, um Siegen geht.

Das zweithäufigste Traumthema ist der Geburtsverlauf. Als „konkrete Einzelheit" aus der Biografie, neben der eher allgemeinen Tod/Lebens-Frage, kommt der Geburtsverlauf sogar am häufigsten vor. Sicherlich auch deshalb, weil die Geburt ein Fokussymbol für Tod-oder-Leben ist. Aber sie ist auch das Grundmuster (!), unser erstes Verhalten und Erlebnis, kennzeichnend dafür, wie wir später mit der Welt umgehen. Die Geburt ist eine archetypische Erstprägung, sie dient als hoch-unbewusstes Muster für alle späteren Vorgehensweisen und Herangehensweisen, ob für Sex, Urlaubsvorbereitung oder Prüfung; bzw. sie ist da wenigstens beteiligt. Sie enthält Charakter- und Krankheitsmuster, ist Abbild der Gesamtbiografie in einem kurzen Moment, konzentriert und in nuce (in Reinformat). Man kann sie, wie es der Psychologe Stanislav Grof tut, in vier Phasen einteilen. Manch ein Mensch erlebt sein Leben lang, immer wieder, eine bestimmte traumatische

Phase des Geburtsverlaufs, z.B. ein schlimme Blockade, wo die Geburt hätte eigentlich weitergehen müssen; ebenso ist es, wenn ein Mensch vorzeitig aus dem Mutterleib herausgeholt worden ist.

Überhaupt ist das wichtig anzumerken: Die gravierenden Traumata aus der frühen Lebenszeit kehren immer wieder in den Träumen, und zwar verschieden nach persönlicher Biografie. Als roter Faden gibt es Hauptthemen in Träumen, die individuell sind, für einen Menschen charakteristisch sind und die zugleich permanent sind. An diese muss man sich gewöhnen, damit muss man sich abfinden, auch wenn man denkt, ein spezielles Thema, Trauma hätte man „hinter sich", etwa durch eine Therapie. Die Wiederholung wird kommen. Es gilt sie zu integrieren.

Die Muttererfahrung ist ebenfalls ein elementares Muster, nämlich für alle späteren Beziehungen. Die Mutter ist die Ersterfahrung in Liebe, Lust, Unlust, Ablehnung. Sie ist der Kern der Sozialisierung und der Kommunikation. Sie ist ein einmalig wichtiges, erstes Du. Ein Muttertrauma wird nie wirklich geheilt, man kann nur einen modus vivendi finden. Als Archetyp ist die „Mutter" das stärkste lebengebende Prinzip, sie ist eigentlich immer positiv besetzt, als „Leben", als Lebenförderndes. Deshalb ruft man auch in Todesnot „Mama". Das Mutterthema, besonders wenn es da viel Enttäuschung gab, wird immer wieder im Traum abgehandelt, so dass es möglich ist, dass vielleicht auch dieses das häufigste ist im Traum. Es gibt kein größeres Tabu als das Muttertabu (Mutter wird geschont).

Die „Mutter“ im Unbewussten kritisch oder negativ zu sehen ist fast nicht möglich. Bei einer ablehnenden oder aversiven Mutter sind Therapie und Selbstheilung extrem schwierig. Viel leichter kann man über den Vater schimpfen als über die Mutter. Gerade bei schweren Lücken im Muttererleben (da sitzt Unerledigtes) taucht das Mutterthema immer wieder im Traum auf.

Schwangerschaftszeit und Stillzeit sind die weiteren häufigen Traumthemen. Das ist eine statistische Tatsache; zur Erklärungen dafür müsste man ggf. diffizil und weit ausholen. Nur kurz sei daher angemerkt, dass die Uteruszeit eine große innere Ähnlichkeit zum Schlafen/Träumen hat: Der Fötus liegt, schwimmt, schwebt und hat innere Bilder (wie Traumgesichte), er lebt unbewusst wie ein Schläfer, Ruhender (oder auch leider manchmal nervös, verstresst, schlaflos, gestört in der Uteruszeit). Spätere Schlaflosigkeit oder eine Reihe von Stresssymptomen und auch Depressionen und Suizidnähe sowie die Neigung zum Dickwerden stammen nicht selten aus der Uteruszeit. Auch die Lebensgefahr kann im Uterus gravierend, alles bestimmend sein, weshalb sie den Menschen später als Angst etc. nie mehr loslässt. Ein ganz zentrales Thema hier ist: Abtreibung, Abtreibungsversuch, Abtreibungstendenz; auch in der schwächern Form der sehr ungewollten Schwangerschaft. Eine weitere schwächere Form der Ablehnung ist, sich einen Jungen zu wünschen statt des Mädchens, das dann kommt. Der Fötus, oder anders ausgedrückt das Unbewusste, „weiß alles“. Indirekte Verhaltensweisen des Erwachsenen und besonders die Träume sind voll von diesen Ereignissen. Das Kind ist das Ergebnis des unbekannten Tuns der Eltern, es ist das „gestaltgewordene Unbewusste der Eltern“ (nicht nur natürlich, denn der Charakter des Menschen hat auch viele andere Quellen). In der oralen Phase erleben viele Menschen große Frustration, die ebenfalls im Prinzip psychologisch fast irreparabel sind. Diese entstehen beispielsweise dadurch, dass ein Baby die Brust nicht bekommen hat. Die Stillzeit ist das erste Muster für Befriedigung – oder eben für Gier, Sucht, Hunger oder Durst jeder Art. Und die Brustdarreichung enthält ja nicht nur Milch. Für alle ist das Leben an der Brust oder das Leben in der Brustverweigerung die Grundform der Lust, der Erotik. Die orale Frustration und die Sucht, die die Kompensation und Nachholung der Leere sein soll, spaltet sich später in diverse andere Süchte auf, z.B. in Geldspielautomatensucht, Trunksucht oder Sexsucht.

Auch die Pubertät kommt oft in Träumen vor, z.B. als Schul-, Ausbildungs-, Studentenzeit. Sie ist aber bereits ein Reflex der ersten Reifungs- und Entwicklungsphase, nämlich der Geburt. In der Pubertät brechen oft verdeckte Traumata aus der frühkindlichen Zeit (zum ersten Mal) auf, sekundär und chiffriert. Das Thema ist: Ringen um Reifung (ob nun zum Erwachsenen oder zu anderen Schritten). Hier sind viele Prüfungsträume angesiedelt: Im Traum wird ein Erfolg nicht erreicht (obgleich in der Realität, etwa als Fahrprüfung, längst erledigt), und da wird symbolisch angedeutet, dass in irgendeinem Lebensmetier nicht die erhoffte Matura besteht oder erreicht worden ist.

Zu den häufigen Themen in Träumen gehören auch die Vatererfahrung, die Geschwister, die aktuelle Partnerschaft, die Berufs- und Kollegenwelt (nicht selten, aber meist nur als stellvertretendes Beispiel); auch die Sexualität, jedoch nicht so oft wie man denkt; dagegen Aggression, Wut, Angst schon mehr, welche aber auch einfach nur als Belastendes häufiger erinnert werden.

Transzendente Inhalte kommen im Traum auch vor. D.h. es geht um Informationen über die Ewigkeit, über den Sinn unseres Lebens, um kosmische Wahrheiten. Nicht im Rahmen einer speziellen Religion, sondern quer durch die Weltreligionen, und auch außerhalb von bekannten Religionsvorstellungen. Jeder Mensch hat große, religiöse Träume, in denen er distanziert auf seine momentane „kleine Rolle" hinabsehen kann oder eine entsprechende Schau gezeigt bekommt. Bereits das „Fliegen" im Traum läutet eine solche Situation ein. Stimmen, Götter, Engel oder auch andere Medien, etwa Zaubertiere, wie im Märchen oder im Schamanismus, informieren über das große Unbekannte und Ewige. Die Träume weisen hin auf die Existenz einer geistigen oder ggf. göttlich zu nennenden Welt. In religiösen Träumen erfährt man den Sinn, seinen persönlichen Auftrag (!), ethische Bewertungen und die riesige pränatale und postmortale Welt. In dieser Traumdimension ist die Wahrheit enthalten, im Gegensatz zu der Unzahl von Irrtümern auf der Erde, und sie entspricht dem Samadhi (Erleuchtung) und Nirwana oder der christlichen Unio mystica oder der sufistischen Verzückung. Erleuchtung ist ein in Träumen durchaus vorkommender Zustand, wird aber in fast allen Fällen nach dem Erwachen vergessen. Auch Träume über das Phänomen der Reinkarnation sowie über Stationen des Kreislaufs (im Bild „früherer Leben“) sind nicht selten.

Schließlich muss noch daran erinnert werden, dass Komplexe „wandern“. D.h. es gibt eine Übertragung von seelischen Inhalten, von Erfahrungen, Ängsten, Traumata von einem Unbewussten zum anderen. Insbesondere zwischen Verwandten, mögen sie sich kennen oder nicht, und unter solchen, die sich lieben oder sich nahestehen, ist der Austausch unbewusster Inhalte unübersehbar. Durch die Traumpsychologie kann das bewiesen werden: Enkel träumen Ereignisse aus dem Leben der Großeltern, die ihnen niemand erzählt hat, und zwar exactement, und das nicht selten. Träume „wandern“ von einer Generation zu anderen. Im Unbewussten findet sozusagen ein intensiver telepathischer Austausch statt (wie es Buddhisten längst wissen). Dieses Phänomen kann auch als mentale Nicht-Trennung, als faktisches Vorhandensein von Einheit beschrieben werden. Es geht um die große unbewusste Seele von Sippen, Familien und Clans, in der Antike als Geschlechterfluch (etwa der Tantaliden) oder Geschlechtersegen bezeichnet, als gottverhängt. Doch die Sache hat nichts mit Religion zu tun, sie ist und wirkt tiefenpsychologisch, gruppenpsychologisch. Wir alle sind energetisch mit dem übergeordneten (kollektiven) Unbewussten verbunden, partizipieren an einem Schicksal, das größer ist als unser egokonzentriertes, im Erfolg, aber auch als tragische Verstrickung oder als Behinderung, mit sich ausbreitenden, abklingenden Wellen. Das Fazit ist wichtig: oft träumen wir also im Traum das Schicksal unserer Vorfahren (als hätten wir deren Unbewusstes geerbt). Wer sendet und wer empfängt ist da nicht auszumachen, wir alle sind Medien, für die Komplexe/Inhalte, die auf der Wanderung sind oder die im latenten Übertragungszustand sind.

Häufige Inhalte im Traum (in ungefährer Rangfolge):

- Die Frage Tod-oder-Leben (z.B. in Albträumen).
- Geburtsverlauf.
- Schwangerschaftserfahrungen.
- Orale Phase, Babyzeit (z.B. als Tiere), Süchtigkeitsthemen.
- Muttererfahrung allgemein.
- Vater- und Geschwistererfahrungen.
- Kindheit (mit Liebes-, Trauma-, Entwicklungsthemen).
- Pubertät, allgemeine Reife, symbolische Prüfungen.
- Selbstwertfragen, Scham, Schuldkomplexe.
- Mitmenschen, Alltagserlebnisse, Beruf.
- Wünsche, Hoffnungen.
- Zukunft, Kollektives.
- Sex, Beziehungen (ggf. Kinder).
- Aggressionen (u.a. als Tiere), Wut, Ängste.
- Körperthemen, Krankheiten.
- Verlassenwerden, Einsamkeit, Sterben.
- Schwächen (z.B. symbolische Zahnträume) sowie Potenzen.

- Übergangene Wahrheiten, Korrekturen des Bewusstseins.
- Gott, Engel, die geistige Welt, überhaupt das Unsichtbare und Jenseitige, das Wissen um die Ewigkeit, das Schweben.
- Weit vorgeburtliche Erinnerungen inlusive der eigenen Zeugung, der Reinkarnationen und der Sippschaftshistorie.
- Das Leben nach dem Tod, überweltliche Weisheit.

5. Träume erinnern

Einen geheimen Tipp oder schnellen Trick gibt es für die Traumerinnerung nicht. Als erstes ist aber wichtig, und das kann man sich leicht vornehmen: morgens beim Aufwachen nicht die Augen öffnen, sondern die Lider unbedingt zuerst einmal geschlossen halten. Denn das Licht ist der Feind des Traumes. Gewisse weitere Autosuggestionen sind nützlich: Man soll sich erst einmal mit kleinen Trauminhalten zufrieden geben, die vielleicht nur Traumreste sind, und bescheiden diese länger sammeln, d.h. erinnern wollen. Man kann sich auch einen Zettel unter das Kopfkissen legen, mit a) einer Frage, wozu man sich wie im altgriechischen Inkubationstraum eine Antwort in der Nacht wünscht, oder mit b) dem Wunsch, morgens den letzten Traum zu behalten. Gegen Morgen, in der flacheren Schlafphase, sind die Träume leichter festzuhalten. Suggestiv positiv wirkt auch, sich Schreibzeug oder ggf. ein Diktiergerät griffbereit neben das Bett zu legen, um wenigstens zuerst einmal Stichworte zu einem Traum sich aufschreiben zu können. Diese Utensilien signalisieren dem Unbewussten, dass man es ernstmeint mit der Erinnerung. Eine sehr fruchtbare Übung ist es, sich am Tagesbeginn gegenseitig die Träume zu erzählen – sofern man Partner oder Kollegen für so etwas hat. Das stärkt auf Dauer die Traumerinnerungskraft; es wird ein Usus daraus. Man kann sich auch selbst den Traum laut vorerzählen, ggf. bei einem Spaziergang. Diese Art, Unbewusstes zu „ent-äußern", d.h. nach außen sich gegenüberzustellen und sprachlich „auf den Begriff zu bringen", wie Hegel das Philosophieren nennt, entspricht dem menschlichen Wesen. Man staunt, wie bei dem Aussprechen des Traumes und Aufzählen seiner Einzelheiten bereits die Groschen fallen, ja poltern – das meint: wie von selbst, wenn man sich zuhört, versteht man erheblich mehr, als wenn man nur denkt oder schreibt. Das laute Aussprechen ist ein kreativer Akt des Sich-Gegenüberstellens, des Schaffens von Umgebung aus dem Mentalen heraus. Diese Entäußerung, Schöpfung in der Zeit, diese Art Materialisierung ist, um noch einmal Hegel zu zitieren, auch der Sinn der Weltgeschichte: dass nämlich „der Weltgeist" am Ende, durch Kreationen, „zu sich selbst kommt", seiner selbst bewusst wird. Wenn wir den Traum „nach draußen stellen", laut erschaffen, so dass wir ihn hören und er uns auf diese Weise gespiegelt erfahrbar wird, wird sein Inhalt uns leichter bewusst.

Es geht insgesamt um eine sich einschleifende Übung (wie beim Autogenen Training), um eine Gewohnheit, nicht um ein Zaubermittel. In der Regel bringt das Bemühen erst mit der Zeit Frucht – immerhin muss man die gravierende Naturanlage überwinden, dass man morgens die Träume vergisst. Dieses Letztere ist also „normal". In der Nacht haben wir ein intensives, umfangreiches Leben und Erleben – als echt wird es empfunden (da wir i m Traum sind, können wir ihn nicht als Traum erkennen) –, dieses rutscht morgens ins Unbewusste weg, d.h. es ist nicht gelöscht, nur vergessen. Es ist nicht unüblich, am Tage sich über den Weg eines ähnlichen Symbols, das man sieht, etwa über einen speziellen Torbogen, spontan wieder an einen Traum der Vornacht zu erinnern, in dem genau so ein Torbogen vorkam. Aus alten, scheinbar vergessenen Träumen stammen auch die Dejà-vu-Erlebnisse; durch einen entsprechenden Anlass, auch durch vergleichbare Gefühle, taucht ein Traum vollständig oder diffus aus dem Pool des Unbewussten wieder auf, als präsente, erstaunliche und sehr stimmige Information. Ob der Klient dabei weiß, dass es ursprünglich ein Traum war, ist sekundär – man sollte sich jedenfalls von einer bestimmten Psychologenseite nicht einreden lassen, dass man sich das Dejà-vu-Wissen nur einbilde. Das Vergessen nach der Nacht ist vergleichbar der Geburt, wo man das Vorwissen vergisst, und vergleichbar dem Sterben als Gehen in eine neue Dimension, wo man ebenfalls „über den Fluss des Vergessens fährt", das ist über die Lethe. Teilweise ist dieses Vergessen sinnvoll, damit wir uns mit einem anderen Momentan-Bewusstsein den Dingen, Anforderungen des Tages, des Lebens stellen können, z.B. morgens dem Toilettengang und dem Frühstück konzentriert zuwenden können. Mag dabei auch viel herrliche Information aus den Nächten verlorengegangen sein.

Es kann sein, dass es nicht funktioniert, sich vorzunehmen, den ein- oder anderen Traum zu behalten. Man kann das Unbewusste nicht dazu zwingen, dieses macht nämlich, was es will. Möglich ist auch, dass der Träumer selbst erhebliche, ihm unbekannte Widerstände hat. Dann kann manchmal dies helfen: gib auf! Man spricht vom Gesetz der sich selbst behindernden Anstrengung. Wenn man im Leben ein bestimmtes krampfhaftes Bestreben endlich aufgegeben hat, kann es sich ergeben, dass man auf einmal die ersehnte Frucht einfach so geschenkt bekommt.

Gelingt es einem also, morgens im Schlaf mit geschlossenen Augen einen Rest des Traumes zu behalten, vor sich Revue passieren zu lassen, so sollte man den Inhalt sich ein paar mal wiederholen, und zwar konzentriert oder fokussiert, das meint: reduziert auf Stichworte, als würde man die auswendig lernen wollen. Auch für das schriftliche Festhalten, etwa mitten in der Nacht, reichen erfahrungsgemäß Stichworte zuerst einmal aus. Allerdings liegt es nicht jedem, nach Traumnotizen während der Nacht leicht wieder einzuschlafen. Das ist nur etwas für Menschen mit gutem Schlaf. Unvermittelt kann man ohne eigene Absichten einen Traum behalten, wenn er sehr klar und eindringlich oder auch sehr gefühlsstark ist. Dadurch kann man aufwachen. Die ganze Information steht prägnant vor dem inneren Auge – manchmal vergisst man sie ein Leben lang nicht. Die große Bedeutung und Wichtigkeit des Traumes wird hier eine Rolle spielen. Jedenfalls ist die Aussage mancher Menschen falsch, die behaupten, nie zu träumen. Diese Menschen erinnern sich nur nicht.

Notwendig ist natürlich eine Traumerinnerung nicht. Man kann ohne Kenntnis des Unbewussten leben. Doch sind Vorgeschichte (wie Historie, Tradition) und Informationen zum eigenen Unbewussten ein Mittel der Selbstidentifizierung. Zu wissen, wer man ist, ergibt Individualität und Identität. Ohne alle Erinnerung gleicht man etwa einem Hirnverletzen, der nicht weiß, wer er ist, woher er kommt. Pythagoras (570 – 510 v. Chr.), dessen Anhänger eine spezielle Memorierungstechnik betrieben, und Buddha haben durch vollständige Erinnerung, in diesem Fall an frühere Inkarnationen, Wahrheit und Freiheit erlangt. Vergessen und Nichtwissen machen dagegen abhängiger; allerdings sind sie auch ein „Motor" für Aktivität (ggf. ein Motor für Hektik und Aggression). Durch Traumerinnerungen setzen wir eine zersprenkelte, vielleicht verletzte, fragmentierte Seele wieder zusammen, wie ein Puzzle. Das Wissen über das Unbewusste und das Früher kann die Seele heilen. Manche führen zu diesem Zweck ein „Traumtagebuch": dies ist ein probates Mittel zum Verständnis der eigenen Identität, zur Reparatur der Seele. Liest man Jahre später in einem solchen Traumtagebuch, erstaunt man, wie in den Träumen doch auch die Zukunft vorweggenommen war; das ist dann mittlerweile durch Lebensereignisse verifizierbar.

Manche Menschen können, wie von selbst oder durch einen Vorsatz, bei einem Aufwachen in der Nacht den vorangegangenen oder angefangenen Traum behalten und beim Wieder-Einschlafen rekapitulieren oder fortsetzen. Ähnlich gibt es individuell unterschiedliche Varianten, wie der Körper beim Traumgeschehen mitspielt, etwa per Bewegung oder Sprechen/Lallen. Verschieden ist auch die Fähigkeit, wichtige Träume aus der Nacht durch ein Erinnern-Wollen für morgens, vielleicht mit Stichwort-Einprägung nachts, sich zu bewahren. Mal gelingt es, mal ist der Traum trotz Absicht morgens entwischt. Dies alles sind Marginalien und nicht von besonders großer Bedeutung. Insgesamt erinnert man sich an schlechte Träume öfter. Das hat damit zu tun, dass negative Träume, z.B. Albträume, stärkere Emotionen auslösen, den Träumer mehr aufrütteln; an Angst erinnert sich man unbewusst immer stark. Das Verhältnis von guten zu schlechten Träumen ist aber ungefähr 50 zu 50, wie auch im Alltag sich Angenehmes und Unangenehmes in ähnlicher Relation ablösen.

6. Die REM-Phasen

Sogenannte REM-Phasen, z.B. in der Nacht, sind flachere Schlafphasen, in welchen man schnelle Augenbewegungen unter den Lidern beobachten kann – im Unterschied zu Tiefschlafphasen. Englisch heißt die Augenbewegung, die man übrigens gut bei einem Hund feststellen kann, wenn der im Schlaf oder Traum ansatzweise jagt oder bellt: rapid eye movement, abgekürzt REM. Zuerst einmal ist das ein rein körperliches Phänomen, dass es tieferen und flacheren Schlaf, im Wechsel, gibt. In der tiefsten Schlafphase zeigt das EEG die langsamsten Wellen. Blutdruck und Puls sind im Tiefschlaf geringer als in den flachen Schlafphasen. In den REM-Phasen sind die Muskeln relativ weitgehend gelähmt oder entspannt, vielleicht zu dem Zwecke, dass man die Traumbilder nicht mit körperliche Reaktion begleitet, dennoch ist man insgesamt in den REM-Phasen, aufgrund verschiedener Kriterien, dem Wachsein näher als in den Non-REM-Phasen. Etwa fünfmal pro Nacht wiederholt sich der Rhythmus, dabei werden gegen Morgen die REM-Phasen länger und die Tiefschlafphasen sowohl kürzer als auch flacher. Der Anfang der Nacht weist den tiefsten Schlaf auf. Nach etwa 1 ½ Stunden kehrt man vom tiefsten Schlafpunkt zum ersten Mal zum REM-Schlaf. Diesen Wendepunkt auf der Talsohle des Tiefschlafs (im Maximum) nennt ein Brahmane (hinduistischer Priester, Guru) death-line; es mag sich um einen kurzen Augenblick völliger Traumlosigkeit handeln, der kosmisch der „Pause zwischen zwei Universumsschöpfungen" vergleichbar ist. In Chicago entdeckte man 1953 den REM-Schlaf und definierte ihn. Von Anfang an aber war die Vorstellung mit großen Fehlern behaftet. Doch hält sich die These sehr lange, in den meisten Traumsachbüchern findet man sie auch heute noch, in den Allerweltsmedien sowieso. Hätte man S. Freud etwas ernster genommen, hätte man trotz seiner materialistischen Einstellung in seinen Schriften finden können, dass das Unbewusste ständig (!) tätig ist, alle möglichen Erlebnisse assoziiert, verknüpft und daraus (Traum-)Bilder schafft. Der Geist schläft nie, das Unbewusste ist nie untätig. Nur ein kurzes Einnicken des Menschen, vielleicht vor dem Fernseher, und ein umgehendes Wiederaufgewecktwerden liefern jedem selbst die Erfahrung, welche Menge von Szenenproduktion in diesen kurzen Sekunden sich schon eingestellt hat.

In dem Schlaflabor, in dem man REM entdeckte, hat man die Erinnerungsfähigkeit an Träume mit der faktischen Existenz von Träumen verwechselt. Auch der Laie sagt gerne: Ich träume nie – doch nur, weil er sich an nichts erinnern kann. Weckte man die Versuchspersonen in den REM-Schlaf-Phasen, konnten sie sich an Träume erinnern. Weckte man sie in den Tiefschlafphasen, war das nicht oder kaum möglich. Daraus hat man den fatalen Schluss gezogen, man träume nur in den REM-Phasen. Erst um 2.000 ist dieser Irrtum auch in der Schulwissenschaft korrigiert worden (vgl. u.a. die Arbeiten von Prof. Linke, Neurophysiologie, Universität Bonn). Mittlerweile weiß man also: man träumt immer. Wenn man wach ist, überlagert das Bewusstsein alles, aber auch dann ist das Unbewusste, das Träume produziert, weiterhin verknüpfend, bild-gestaltend, lernend, lehrend und speichernd tätig, und zwar kontinuierlich.

Wir halten fest: die Erinnerungsfähigkeit ist nicht dieselbe während der ganzen Nacht, sie schwankt; in der Regel ist sie morgens größer, und auch bei gravierenden Themen im Traum oder bei besonders starken Gefühlen (etwa Ängsten). Wie soll man es erklären? Vorläufig nehmen wir als Begründung die Ausgangsposition einer alten Vorstellung ein: „die Seele geht nachts auf Reisen". Das meint ungefähr, dass sich die Seele vom Materiellen relativ löst und in anderen Dimensionen Bilder sieht, Erlebnisse hat. Und dieses Traumgeschehen vollzieht sich, so könnte man gleichnishaft sagen, in unterschiedlicher Entfernung vom schlafenden Körper. Anders ausgedrückt kann man auch sagen: die Träume haben verschiedene Qualität. Es gibt, wie ja bekannt ist, verschiedene Traumsorten, und diese wiederum haben Einfluss darauf, wie leicht oder schwer die Erinnerung fällt.

Zusammengefaßt kann man vermuten, dass in den Tiefschlafphasen die Seele Körper und Alltag viel mehr verlassen hat als in den REM-Phasen (1), dass die Erfahrungsqualität in den Tiefschlafphasen spiritueller und tiefer, weiser ist, Raum- und Zeit-Dimension viel mehr hinter sich gelassen hat (2) als in den REM-Phasen, welche wiederum hauptsächlich Verarbeitungsträume aufweisen bzw. Träume, die dem Welt-Ego, d.h der üblichen Psychologie näher stehen (3). In den REM-Phasen haben wir Träume, die die Entwicklung des Ichs – etwa als Traumata, Wünsche oder Verarbeitungen – heftig beschäftigen; bildlich gesprochen: die Seele, auf Reisen, ist nicht sehr weit vom Träumenden, von seinem Diesseits-Ich, entfernt. In den Tiefschlafphasen träumt die Seele große, ewige Wahrheiten, fast uninteressiert am Ego, nämlich Religionsinhalte, Erleuchtungsähnliches, kosmische, zeitlose philosophische Theoreme, welche sich stark der Erinnerung des weltlichen, diesseitigen, kleingeistigen Ichs entziehen. Die unterschiedliche Erinnerungsfähigkeit in den abwechselnden Schlafphasen hat mit der unterschiedlichen Traum-Qualität zu tun, bildlich gesprochen: mit der unterschiedlichen Dimension, in der die Seele träumt, das ist das ganze Geheimnis der sogenannten REM-Phasen. Wie man in der REM-Phase körperlich dem Wachsein näher ist, so ist auch der REM-Trauminhalt dem somatischen Ich näher. Im allertiefsten Tiefschlafpunkt aber träumt man sozusagen von Gott, nicht mehr von sich – und das kann man nicht oder kaum behalten.

Die Schulwissenschaft stellt bezüglich der REM-Phasen und der Non-REM-Phasen fest: „Während beider Schlaftypen findet sich offenbar mentale Aktivität, die sich jedoch in qualitativer Weise unterscheidet." [9)] Welche Qualitas aber im einzeln in den genannten Phasen vorliegt oder dominiert, wie der Unterschied der geistigen Aktivität zu definieren ist – darüber gibt es keine einheitliche Meinung. Immerhin aber ist aufgefallen, dass die Qualität der Träume sich in den verschiedenen Schlafphasen unterscheidet; das ist ein Fortschritt (im Hinduismus und Buddhismus jedoch längst bekannt).

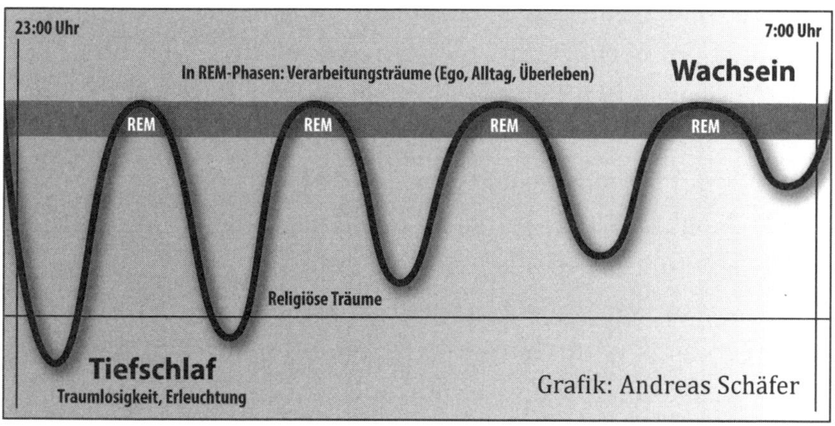

7. Tageserlebnisse

Die Ereignisse des Tages lösen einen Traum aus. Das kann ein Erlebnis oder Gefühl aus Millionen von Tageserlebnissen, bewusster und unbewusster Art, sein. Sigmund Freud spricht vom **„rezenten Material“**, auf dem ein Traumgedanke fußt. Man kann den Beginn eines Traumes am besten so verstehen, indem man als Deuter die Verknüpfung sucht mit einer Erfahrung des vorangegangenen Tages, die auch Gefühlen von ganzen Wochen zuvor entsprechen kann. Neutral sprechen wir von irgendeinem Eindruck – dahinter verbergen sich Erlebnisse körperlicher und psychischer Art, Gefühle, Ängste, Wünsche usw. Ein Ereignis hat einen Eindruck hinterlassen, eine Spur in der Psyche. Und was geschieht nachts? Das Unbewusste nimmt den Faden auf und spielt und denkt und agiert weiter. Dabei geht es um ein Ereignis, das wichtig ist, d.h. das tief berührt, das meistens wesentliche Vorstufen in der Vergangenheit hat, wo ein unerledigter Inhalt mit darin steckt, das beschäftigt, weil man es nicht versteht, oder das stark mit Hoffnungen und Ängsten behaftet ist – da gibt es viele Möglichkeiten. Es kann auch nur eine intellektuelle Idee, ein kurzes Gedankenelement sein, z.B. eine schlagende unbewusste, verdrängte Erkenntnis am Tag. Das betreffende Tagesereignis wird vom Bewusstsein oft ignoriert. Aber das Unbewusste bleibt ausgewählt und gerade, d.h. nicht ohne Grund, speziell an diesem einen, vielleicht übersehenen Thema „hängen“. Und die Gedanken und Gefühle, die im Unbewussten, am Tag, bei diesem speziellen Thema sich einstellten, hochkamen und energiebesetzt waren – die erzeugen nun den

Traum. Der Inhalt wird dargestellt an und in Aktionen und Personen. Mit diesem Werkzeug beginnt der Traum. Er agiert in Form eines Gleichnisses, einer Spielszene. Eigentlich wurde der Taggedanke nur „weitergedacht", aber jetzt in Rollenspielen bzw. in der für das Unbewusste typischen Bildersprache. So begegnet man also s i c h im Traum, seinen eigenen Gedankenspielereien oder den eigenen Gefühlsfortsetzungen. D.h. was am Tag sich einstellte, aber nicht hochkam, das schießt sofort in einen Traumbeginn.

Die Einleitung des Traums ist als Exposee zu verstehen, und sie sagt oder fragt: Worum geht es? Was ist das Thema? Es folgt, wie C.G. Jung sagt, ein Aufbau in wenigstens drei, oft aber in fünf Akten, mit einem retardierenden Moment, mit Hauptteil, mit Lücken, manchmal auch mit Phobos (Schrecken), Umschlag und Katharsis, wie in der klassischen Dramentheorie, etwa bei Aristoteles und Lessing. Die Personen, die man am Tag neu kennen gelernt hat, erscheinen nun wahrer, nicht selten in der Gestalt von Tier oder Stellvertreter. All das sozusagen Frische, Neue wird genial und vielseitig verknüpft mit früheren Ereignissen, Gefühlen, Äußerlichkeiten, die dem Unbewussten „ähnlich" erscheinen. Immer erkennt das Gehirn (nur) so, indem es neue Erfahrungen mit der „Kartei" der vergleichbaren gehabten Erfahrungen verknüpft, vergleicht. Liegt kein Vor-Muster vor, denkt und handelt man verwirrt, chaotisch, blindlings. Und so spinnt der Traum seine Geschichte, als Gleichnis, vom Tageseindruck ausgehend, bis zum Ende des Traumes, das die wahre Erklärung der Geschichte enthält.

Auch ganz aktuelle Erlebnisse, Gefühle werden sofort, mit Leichtigkeit ins Traumgeschehen mit-hineingenommen, d.h. nicht nur der Fernsehfilm von gestern Abend, sondern das zeitgleiche Autogeräusch auf der Straße oder das Anspringen des Kühlschranks oder das Klingeln des Telefons oder z.B. auch ein Erdbeben in der Nacht. Je nachdem, wo das Unbewusste im Moment ist, baut es das Erdbeben an dieser Stelle ein. Der Subjektivismus, der Konstruktivismus, das Ego lassen sich nicht beirren bzw. stören, und wenn der Träumer gerade auf einem gedachten/erlebten Campingplatz war, dann wird das reale, objektive, synchrone Erdbeben zum persönlichen Schaukeln des Campingwagens (vielleicht im Wind); oder wer gerade träumend in einem Dachgeschoß war, für den bewegt sich und knarrt der Dachstuhl im Sturm. Bei einem Erdbeben vor 15 Jahren habe ich eine Handvoll Leute nach ihren Träumen gefragt, sie alle hatten das Erdbeben ebenso genial wie falsch ins Traumgeschehen eingebaut, und zwar jedes Mal verschieden, d.h. individuell. Auch Tagesereignisse oder Videos werden von den Menschen in gewissem Maß je verschieden und subjektiv verstanden, gesehen, empfunden, sowohl erzählt als auch in Traum umgesetzt. Für das Erdbeben wie auch für S. Freuds „rezentes Material" gilt: hier handelt es sich nur um willkommene Auslöser. Der Auslöser wird subjektiv umgedeutet und mit vorhandenen Energien, Bildern verknüpft, mit der „Kartei". Der Auslöser ist ein erster Einstieg zum Verständnis des Traumes (Worum geht es?), mehr ist er nicht. Wichtiger ist: Welchen Pool von Assoziationen holt dieser Auslöser nun hoch? Da liegt das den Menschen eigentlich berührende Thema.

8. Die Methode der Stellvertretung

Das Unbewusste assoziiert Ähnliches mit Ähnlichem, es setzt gern gleich. Außerdem sind manche Inhalte und Personen mit Nichtwissen und Verdrängung besetzt. Daher kommt es, dass man zur Darstellung eines Trauminhalts gern „stellvertretende" Personen (oder Szenen) wählt. Diese Figuren sagen aus: es ist **„wie"** mit einer solchen Person ... Besonders zahlreich sind dabei die Stellvertreter für die Mutter- und die Vatererfahrung. Z.B. die ältere Schwester steht oft für die Mutter. Oder irgendeine anscheinend längst vergessene Mitschülerin aus der ersten Klasse meint als Spiegel ein eigenes Erlebnis der Träumerin mit 7 Jahren. Oder man sieht im Traum, dass der Ersatz- oder Stiefvater oder sonstige Mentor oder Förderer eines Bekannten letztlich doch nicht so vertrauenswürdig war, wie es schien; das ist dann vermutlich eine Aussage über Unbewusstes, Verdrängtes, das man mit dem eigenen Stiefvater erlebt hat. Die Stellvertretungen sind zahllos und fast immer im Spiel! Auch so, dass Stellvertreter (etwa für eigene Seelenanteile) durch Stellvertreter dargestellt werden können. Z.B. jeder „Freund" im Traum kann für den Vater stehen. Man denke auch an die vielen Tiere, die Seelenteile und die Ich-Varianten darstellen können. Oder es mögen sich z.B. Träume einstellen, in denen man sieht oder zu sehen glaubt, dass die Ehefrau einen betrügt – es kann aber sein, dass man nur hochverspätet und hochverschoben träumt und erkennt, dass die Mutter einen früher außerordentlich belogen und betrogen hat, was aber nie angesprochen, bewusstgemacht, erledigt worden ist, daher die Energiebesetzung des Themas (das die Träume produziert) und die Übertragung auf eine aktuelle Frau.

Aus der klassischen Psychologie kennen wir die Ausagierung eines unbewussten Inhalts per „stellvertretender" Person als „Projektion". Beliebt ist das in der Gesellschaft, Politik; dem Gegner des angeblich Friedliebenden oder sozial Eingestellten werden gern der eigene, verdrängte, abgespaltene, geleugnete Egoismus oder auch die Aggression aufprojiziert. Das Machtstreben „sieht" man nur beim anderen, bei sich nie. Die meisten Aggressoren der Weltgeschichte machten den Gegner per Projektion zum Teufel. Auch privat sollte man sich der Aggressionsvorwürfe manchmal entziehen, indem man erkennt, dass man in Wahrheit nicht gemeint ist, sondern als Stellvertreter, Projektionsfläche herhalten muss.

Von solchen Feinheiten oder Themen abgesehen, muss man also im Traum grundsätzlich oder fast immer damit rechnen, dass „stellvertretende" Figuren versteckte Inhalte aussagen (z.B. die Chefs, Lehrer stehen für die Eltern), oft abhängig von der Frage, inwieweit der Inhalt überhaupt bewusstseinsfähig ist. Der Traum liebt Gleichnisse, Vergleiche, er spricht in Analogien; er setzt dauernd Wie-Wenn-Personen ein, engagierte Schauspieler. Man muss also jeder im Traum auftretenden, objektiv erscheinenden Figur unterstellen, dass sie Stellvertreter für eine andere Person sein kann, nicht selten für den Träumer selbst (wobei die Figur dann subjektstufig zu deuten wäre). Sehr häufig ist es, Schwangerschafts- und Geburtserlebnisse im Traum aus der Mutterperspektive heraus darzustellen, jedoch die Traumszene mit einem Ich, das solches erlebt (und das dem Träumer gleicht), auszumalen. Aktive Mutter und passiver Fötus werden vertauscht, und das dürfte seinen Grund darin haben, dass Fötus/Baby plus Mutter eine enorme Symbiose bilden, dass sie ehemals gleich fühlten.

9. Archetypen

Die Wissenschaft von den Archetypen ist eine Erfahrungslehre, viel mehr denn eine Sache der rationalen Kausalität oder Beweisführung. Es schmeichelt dem Intellekt, wenn mit Hilfe von Mythen, Märchen oder per offensichtlicher Selbstevidenz oder per nachvollziehbarer Logik bzw. Analogie ein Archetyp „erklärt" wird: Ein Krokodil steht für das Böse (in Afrika im Grunde für den Teufel), weil es nun einmal sehr gefährlich ist. Oder ein Apfel steht für Liebe und Sexualität, weil er grundsätzlich schön ist und gut schmeckt. Ein Hund steht für Seelenweisheit, weil er mit seinem Instinkt erstaunlich sicher und weise durchs Leben geht. Eine Taube steht für den Frieden, weil sie kein typischer Raubvogel ist. So weit so gut. Solche sinnfälligen Erklärungen oder Affinitäten oder Approximationen sind nicht aberwitzig – sie sind jedoch nur Krücken, um unsere Rationalität (nämlich „das leuchtet mir ein") zu befriedigen.

Archetypen gehören dem Bereich des Unbewussten an, sie entziehen sich mehr oder weniger der logischen Beweisführung des Bewusstseins. Sie entsprechen nicht der Arbeitsweise des kognitiven Bereichs. Ihre Bedeutungen findet man nicht durch naturwissenschaftliche Induktion oder Reduktion. Dadurch dass Statistik und Empirie und auch Wiederholbarkeit über die falsche oder richtige Bedeutungsaussage zu einem Archetyp entscheiden – sind sie aber eben doch ein Gegenstand der Wissenschaft. Sehr intensive Erfahrungen (z.B. mit über 20.000 Träumen, wie beim Autor dieses Buchs) und ein großes Wissen in den menschlichen Kulturbereichen (z.B. Literatur, Kunst, Religion) führen zu einem statistisch relevanten und haltbaren, nachprüfbaren Ergebnis, wenn wir die Bedeutung eines Archetyps suchen. Intellektuelle Erklärungen spielen dabei eine geringere Rolle. Nicht die Theorie, sondern die Erfahrung überzeugt hier. Immerhin rational und im gängigen Sinne wissenschaftlich an der Sache ist: man muss gut „vergleichen" können – also auch bezüglich der Archetypenlehre gilt: man muss gut in Ähnlichkeiten und Bildern denken können (wie das schon Aristoteles in der Antike für die Traumdeuter forderte).

Man unterscheidet eigentlich „Archetypen" von Bildern, Symbolen, Gleichnissen, Metaphern, Allegorien usw. Die „Mutter" beispielsweise ist ein Archetyp, der im Prinzip unsichtbar und noch vor der Ausgestaltung, also etwa latent, im kollektiven Unbewussten ruht, schlummert oder vorhanden ist. Dieser Inhalt wird je aktualisiert, geformt, aus Anlässen abgerufen und darstellbar gemacht, in der Weise, wie er im Moment am besten passt. Das geschieht durch Symbole (das sind Bilder mit Bedeutung), wie in diesem Falle durch

Muttermetaphern, nämlich Kuh, Baum, Höhle, Geschäft, Katze, Großpflanze und Ähnliches. Hierbei, bei dem Unterschied zwischen Archetyp und Symbol, geht es aber um eine spezielle, zu diffizile Diskussion, die wir vernachlässigen wollen. Wir verwenden in diesem Buch, wie auch meistens in der Traumdeutung oder Kunst, „Archetyp" und „Symbol" (besonders als Hauptsymbol und als sehr bekanntes oder weit verbreitetes Symbol) relativ synonym – obwohl sie, streng betrachtet, nicht genau das Gleiche sind.

Der Begriff leitet sich her von griechisch arche = Anfang, Prinzip + griech. typos = Bild, Symbol. Er ist von C.G. Jung geprägt worden, um die Hauptbildersprache unseres Unbewussten zu beschreiben und um zu definieren, was an vorgeburtlichen Seeleninhalten im kollektiven Unbewussten eines jeden Menschen schon vorhanden ist. Auf welchem Wege archetypisches Wissen weitergeleitet oder etwa vererbt wird, ist nicht ganz klar – aber dass es vorhanden ist, ist sicher. Es mag die Summe aller Erfahrungen von früher gelebt habenden Menschen sein, prägende Erlebnisse aus der Evolution oder aus einem Clan darstellen, vielleicht auch Anlagen oder instinktähnlichen Fühlmustern entsprechen. Es handelt sich um Ur-Wissen a priori, in Bilderform (das Unbewusste denkt „in Bildern"), in metaphorischer, allegorischer Ausmalung. Dieses Wissen ist vielfach und vergleichbar vertreten in Religion, Mythos, Traum, Kunst, Literatur, Alltag, Sagen und Märchen oder in Ritualen aus dem Aberglauben bzw. im Brauchtum. Jeder Mensch also ist unbewusst von Anfang an im Besitz dieser archetypischen Bildersprache, sie konstelliert seine psychische Reaktion. Er verwendet sie wie die Ägypter vor 3.000 Jahren ihre Hieroglyphen-„Bildersprache“: als ein tadellos funktionierendes Kommunikationsmittel.

Die Archetypen sind tiefer als rationale Begriffe, aber auch unpräziser für das Bewusstsein, für den Logos. Sie umfassen mehr, aber wir empfinden sie als ungenauer. Die meisten Symbole, ob Archetypen oder künstlich geschaffene Phantasietypen in Kinderbüchern oder Firmenlogos, haben sowohl unscharfe Ränder als auch ambivalente Inhalte. Die Nicht-Enge, die Weite eines Symbolinhalts ist sein Charisma und sein Charme: es schillert und schimmert und oszilliert noch viel Interessantes neben dem Hauptinhalt an Bedeutung mit; und so ist auch oft tatsächlich die Realität unseres Kosmos'. Eine „Kuh“ ist nicht nur ein biologisches Lebewesen, sondern auch mütterlich, nützlich, dumm, unaggressiv, Kultgegenstand usw. usf. Im Symbol lässt sich die Viel-Aspektierung und die Relativierung besser als im Wort ausdrücken. Wenigstens zwei Seiten hat das Symbol „Rose“: konkrete Pflanze + die Liebe (das übertragen Gemeinte). Hinzu kommt noch Positiv oder Negativ, weitere zwei Seiten: sind die Dornen betont oder die roten Kelchblätter? Eine Symbol oder Archetyp hat nicht nur eine Zweierstruktur, sondern generell eine Vierer-Struktur. Das „Wasser“ steht für etwas Natürliches und für etwas Geistiges, es kann außerdem noch negativ („das Wasser des Todes“) oder positiv („das Wasser des Lebens“) sein. Der lateinische Begriff „altus“ kann „tief“ oder „hoch“ meinen, sein Verbindendes, Eigentliches meint: groß ausgedehnt in einer Richtung. Ein Symbol ist ein Tao, welches wenigstens (als erste Betrachtung) zwei Seiten hat, in die es auseinander zu falten ist oder in die es auseinander fällt, nämlich ein Yin und ein Yang. Wir sprechen auch von Avers und Revers, von zwei Seiten einer Medaille oder eines Wappens: diese Ambivalenz ist in der Bildersprache gemeint. Vermutlich trifft es die Wirklichkeit eher und wahrer, wenn wir einen Stier weder verteufeln noch anbeten, sondern beide Möglichkeiten latent in einer Beschreibung für ihn, per Bild, stehen und ruhen lassen. Das ist die Weisheit des Traums und des Archetyps: er vermeidet die wahrheitsverschleiernden Gut- und Böse-Kategorien, er ist viel unparteiischer, neutraler. „Extrema sese tangunt" (die Extreme berühren sich), so nennt C.G.Jung die Tatsache, dass im Symbol die Gegensätze zusammenfallen, immer zugleich da oder darin sind. Also grundsätzlich ist ein Archetyp so zu deuten, dass er Opposita in sich enthalten kann, dass er nach Vorliebe des Deuters gut oder schlecht sein kann, d.h. sowohl gut als auch schlecht! Nur sehr wenige Traumsymbole sind eindeutig schlecht, z.B. Plastik (das ist Stress, Krankheit), oder gut, z.B. Naturholz (das ist das „Leben").

Es gibt Archetypen des Selbst, des Religiösen, der Heilung – also es „wirken" Archetypen zuweilen auch, und zwar gerade die Ganzheitssymbole, z.B. ein Mandala, ein Gotteskind, eine Kugel, ein Stern, eine Pyramide. Das ist, als wenn dem Menschen der heilende „Buddha im Lapislazuliglanz" (wie ein Arzt) erscheint. Tiere eignen sich besonders als Träger archetypischer Information. Ein „Fisch" kann gefühlskalt und ablehnend sein, aber auch Fruchtbarkeit und Erfolg versinnbildlichen, ebenso Unerotisches wie Schwängerung darstellend;

ähnlich ein „Frosch". „Fleisch" ist ein Archetyp für Abstammung, Aggression, Muttermilch, Sex u.a.m. Ein berühmter, überraschender Archetyp ist: „Coitus" für Töten, Tod. Sterben ist eine Art Ganzwerdung; und das aggressive, tötende Prinzip ist ein dem Sexstreben verwandtes Phänomen, hormonell und in der Trieblehre. Unvoreingenommene Weisheit kann zuweilen erkennen, dass die Archetyp-Bedeutung kein Zufall, sondern stimmig ist. Und es „existieren" die Archetypen auch, quasi in der geistigen Welt oder im Unbewussten; früher wurden sie als Geister und Götter bezeichnet. „Es gibt" den Menschen mit Pferdecharakter, den Kentaur, und den Menschen mit Wolfscharakter, den Wolfsmenschen, oder ein Einhorn oder einen Schweinehund.

10. Das Problem der Zeit

„Ein Raumerfüllungsindividuum ist ein Körper, ein Zeiterfüllungsindividuum eine Seele." Dieser Satz wird von dem romantischen Dichter Novalis (1772-1801) überliefert. Als Menschen leben wir im Raum, in der Materie, und wir stehen im Zeitstrahl. Man kann als Mensch nicht nur im Hier und Jetzt leben, sondern schleppt auch immer seine Vergangenheit mit sich und hat Ziele, Perspektiven, Absichten für die Zukunft. Im Traum ist es nicht anders: Es wird eine materielle, körperliche Momentansituation gezeigt, die drei Zeitaspekte, und zwar zugleich, hat, nämlich Vergangenheit, Gegenwart und Zukunft. Und es stellt sich immer wieder die große Frage bei der Traumdeutung: Welche Zeitstufe meint der Traum? Trauminformationen selbst über das Phänomen „Zeit“ besagen, dass Zeit nicht sui generis existiert, sondern nur eine Umschreibung dafür ist, dass eine Vielzahl von Ereignissen getrennt aufzählbar ist und dass diese Erlebnisse im Nacheinander, im Hintereinander-Geschaltetsein, was von einem separaten „Nebeneinander“ nicht fern ist, erlebbar sind. Das Geheimnis von Zeit sei nur „zählen“, sagt der Traum, nur Aufreihung, Summenherstellung, Zählbarkeit von Elementen. Eine weitere Schwierigkeit des Zeitphänomens sind für uns die Konsequenzen aus der Einsteinschen Relativitätstheorie: Zeit ist nur im Bezug zu Raum, Materie zu denken, ohne existiert sie nicht, und sie ist von Bewegung, Raum, Materie abhängig, also eben hoch „relativ“. Letzteres kann man schlecht fühlen, aber immerhin theoretisch verstehen.

Der Traum stellt bevorzugt die Vergangenheit dar. Das Unbewusste, das den Traum produziert, besteht primär aus dem Pool aller Erinnerungen. Die Trauminitiative, also die auslösende Traumquelle geht vom Tagesereignis aus, d.h. vom Jetzt. Aktuelles und Vorgeschichte fallen in den meisten Träumen, über Ähnlichkeitsbrücken, jedoch zusammen, werden „komprimiert“ (vgl. dazu das Kapitel über S. Freud). Was die Zukunft angeht, scheiden sich aber die Geister, die Zukunft ist das eigentliche Problem bei der Zeitfrage. Prägnant ausgedrückt: Können Träume Zukunft zeigen, sind Träume auch prognostisch? Der Anthroposoph Rudolf Steiner äußert sich in dem Sinne, dass wir immer Zukunft träumen, jedoch „in den Kleidern der Vergangenheit“, weil wir keine anderen Erfahrungsmuster, Vorbilder oder Symbole für die unbekannte Zukunft besitzen als die alten, vorhandenen Bilder. Das klingt nicht unlogisch. Alle Völker und Kulturen haben die Träume vornehmlich als Zukunftsaussage gewertet, als Orakel, als göttliche Botschaft über das Morgen. Erst die moderne Zeit seit der Aufklärung hat dieses Verständnis, mit wissenschaftlichem Materialismus, völlig verworfen. Es gibt viele Gründe, warum ein Mensch nicht akzeptieren kann und will, dass eventuell, in irgendeiner geheimen, unbekannten Schiene, die Zukunft schon geschehen ist. Die Freiheit, die Eitelkeit, die Gott-Leugnung, die Naturwissenschaft und vieles mehr spielen da eine Rolle. Die Fakten sprechen jedoch so, dass hin und wieder eine Traum Zukunft beinhaltet.

Man mag sich drehen und winden, wie man will, es bleiben auch bei kritischster Sichtung einige Träume übrig, die offensichtlich und ex post (d.h. aus dem Hinterher interpretiert) nachweisbar Ereignisse zeigen, die später eingetroffen sind. Dies müsste denn eigentlich unser Weltbild erheblich ins Wanken bringen. Die Inhalte betreffen Kriege, Krankheiten, Kinderlosigkeit, Partnerschaften u.a.m. Wenn der Traum vorliegt, ist aber eine Zukunftsdeutung außerordentlich schwierig und riskant, weshalb man vorsichtig und zurückhaltend eine prognostische Deutung in der Regel unterlassen sollte, besonders bei Menschen, für die man Verantwortung trägt (in diesem Falle für jeden) und deren geistiger Horizont eng ist. Auch sind Zukunftsträume indirekt, verschleiert, unklar, chiffriert, so dass Fehldeutungen, Missverständnissen Tür und Tor geöffnet ist. Wie auch in der Antike die Orakel meist missverstanden wurden. Und es scheint so, dass doch von oben her vorgesehen ist, dass man seine Zukunft nicht kennt, erfahren soll – obgleich Ausnahmen immer wieder, wenn auch faktisch selten, auftauchen. Am Vorhandensein prognostischer Träume kann man nicht vorbeisehen. Und so steht jedes Traumbuch unter Erklärungszwang (wenn es das Phänomen nicht blind leugnet): Wieso kann sich Zukunft, wenn auch vielleicht nur in Ausnahmen, im Traum zeigen? Und selbst eine einzige Ausnahme ruft schon nach Erklärung.

Eingangs ist erwähnt, dass Zeit an Materie gebunden ist. Das heißt, dass es im unmateriellen Bereich keine Zeit gibt. Der Traum spielt in geistigen, nicht-materiellen Welten, es ist daher logisch und zwingend, dass alle Gesetze bezüglich Zeit aufgehoben sind. Ähnlich sind auch die naturwissenschaftlichen Gesetze der Materie außer Kraft gesetzt: man kann im Traum z.B. durch Mauern gehen. Der Traum zeigt alle Ereignisse, die möglich sind, mit anderen Worten, die waren, die sind und die sein werden. Alle wahrscheinlichen und wirklichen Ereignisse, die irgendwann geschehen können, d.h. ohne spezifische Zeitqualität, kann der Traum aufweisen. Träume spielen sich also in materie- und zeitlosen Dimensionen ab (das Gegenteil wäre sogar überraschend). Sie stellen Ereignisse dar, als wären sie in einem Riesenpool von Jetzt oder in einer totalen Zeitgleichheit (was dasselbe ist wie Zeitlosigkeit). Schon wenn Träume Inhalte in einem Hintereinander darstellen wollen, machen sie das manchmal „umgekehrt“: der Zeitstrahl wird in der Ereigniskette rückwärts durchlaufen, am Ende des Traums steht das historisch Erste.

Die Zeitlosigkeit nennt man behelfsweise Ewigkeit, der Traum arbeitet „sub specie aeternitatis“ (aus der Perspektive der Ewigkeit, nicht der Welt). Vermutlich lenkt auch Gott die Seelen auf die Ewigkeit hin bezogen, nicht nur auf unsere kurze Zeitspanne in der Materie, wie schon der Kirchenvater Origines (185-254 n. Chr.) meinte. Aber das ist Ansichtssache. Der Traum greift also Ereignisse aus einer Art von Zeitgleichheitsreservoir heraus, wo nach unserer Sprache Vergangenheit, Gegenwart und Zukunft zusammenfallen, als würde er aus der Totalchronik aller biografischen und kosmischen Ereignisse ein Ereignis „herauspicken“. Ein Traum und ein Träumer sind für Momente quasi in der Ewigkeit, d.h. in der Zeitlosigkeit, im garantiert nicht-materiellen Reich; dort finden sie sich auch bei Ereignissen, die nach menschlichem beschränktem Verständnis mit der Qualität Zukunft behaftet sind, was wiederum die Menschen irrigerweise veranlasst zu denken, diese Ereignisse existierten (noch) nicht. Die spirituelle Perspektive weiß es besser: Bei Gott sind alle Dinge zeitgleich, in der Ewigkeit kennt man alles aus der sogenannten Zukunft, und zwar zwingend.

Im islamischen „Buch“ eines jeden Lebens hat Allah alle Zukünfte eines Menschen vor sich. Hin und wieder gibt es ein hellsichtiges Medium, oder ein Gott schenkt eine solche Gabe für Sekunden. Die anthroposophische Akasha-Chronik enthält beispielsweise alle Weltereignisse incl. der zukünftigen. In der geistigen Welt ist logischerweise auch die Zukunft „schon geschehen“. Eine Zukunft kennen nur materiegebundene Wesen, u.a. wir Menschen also. Wir bestehen aus unsterblicher „Seele" und zu einem großen Prozentsatz aus irdisch-materieller „Persönlichkeit". Wir sind außerordentlich polar strukturiert. Ein Teil von uns ist in der Ewigkeit, ein Teil von uns ist in der Zeit. Der Traum wirft grundsätzlich Vergangenheit und Gegenwart und Zukunft zusammen, so sind die drei Nornen (germanische Schicksalsgöttinnen) für ihn Einheit (die sie mythisch gesehen tatsächlich sind – wenngleich sie sich auch in ihrer Zeitzuständigkeit etwas unterscheiden), sie stellen als Drei **eine** Göttin dar. Der Traum bewegt sich tatsächlich und geradezu unprätentiös im zeitlosen Bereich. Nach den mittlerweile erkannten Gesetzen der Zeit (vgl. Einstein) ist es sogar logischer, dass der Traum auch das für Raumlebewesen sogenannte Zukünftige berichtet, als wenn er das nicht täte. Geleugnet wird dieser Umstand aber von allen, die nur an oberflächlich Materielles glauben. Dennoch: Bei der Traumdeutung sollte man sich nicht primär auf den Zukunftsaspekt stürzen, sondern nur ein wenig oder in der Hinterhand es für möglich halten, dass auch Zukünftiges gezeigt sein kann, vielleicht nur wie ein Schatten in Code-Form, aber doch anwesend, nicht fiktiv. Das „Fliegen" (!), das nicht selten vorkommt im Traum, ist bereits ein Indiz dafür, dass die unmaterielle Seele für einen Moment den Raum und jegliche irdische Zeitstruktur verlassen hat. Wenn wir sagen, dass im Traum auch Zukunft gezeigt werden kann, dann sollten wir es genauer so formulieren: Im Traum fällt die Kategorie Zukunft weg. Dies hat enorme Implikationen; nämlich ein neues spirituelles Weltbild ist gefordert. In diesem Weltbild muss die Prädestinationsmöglichkeit zwar nicht dominierend sein, aber doch eingebaut sein.

11. Albträume

Für Albträume gibt es mehrere Gründe. Sie sind eine im Prinzip sinnvolle, willkommene Information. Und sie sind zu akzeptieren, sie gehören, ähnlich wie im Alltag Lust und Leid, zum üblichen Lebens- und Gefühlskaleidoskop; es ist vergeblich und unsinnig, negative Träume um jeden Preis weghaben zu wollen. Erfreuliche Träume kann man nicht bekommen ohne ihr Gegenteil.

Der erste Grund für Albträume ist, dass tatsächlich etwas Schlimmes in der Vorgeschichte passiert ist. Da muss es sich um etwas – symbolisch – Vergleichbares wie im Traum handeln, in der Regel nicht ganz so extrem wie im Albtraum (Träume übertreiben, vielleicht aus Belehrungsgründen). Meistens war das konkrete, frühere oder auch aktuelle Erlebnis mit Todesangst verbunden. Das Unbewusste denkt sehr schnell: „Muss ich hier sterben?" Oft spielte sich das negative, angstvolle Erlebnis, ein Trauma also, in sehr früher oder unbewusster Zeit bzw. Stufe ab, z.B. in der Schwangerschaft, bei der Geburt, in der oralen Phase. Hochstress oder Lebensgefahr im Mutterbauch, ein Geburtstrauma, verweigerte Brust, fehlende Mutter erzeugen später wiederkehrende todesängstliche Albträume. Gerade bei der Geburt können sich ereignen: Kaiserschnitt, Vergiftungs- und Erstickungsgefahr, Blockierung des Ausgangs, untätige, gelähmte, panische Mutter, bereits verlorener Vater, Brutkastenaufenthalt, große Unreife wie auch extreme Verspätung, unnormale Trennung von der

Mutter (jedes Tierjunge erwartet bei solcher Trennung Tod) – das alles sind Todes-, Todnähe-Erlebnisse.

Nächster, nicht seltener Grund sind Traumata der Vorfahren. Diese wandern als unerledigte Komplexe ins Unbewusste der Nachkommen. Die Vergewaltigung der Großmutter, die Folterung des Vaters erscheinen in den Träumen der Enkel und Kinder. Aber auch das Elend einer Tante, die vertrieben oder ausgeschlossen wurde, oder sonstiger Verwandter kann wirken. Wir sind mit diesen Personen verstrickt, partizipieren am Gedächtnis der Großfamilie, an der Seele/Erinnerung der Sippschaft, des Clans. Viele Albträume stammen also aus der Evolutions-, Familienvorgeschichte, besonders der Pavor nocturnus (panisches nächtliches Aufschrecken) der Kleinkinder.

Der dritte Grund kann nur von spirituellen Menschen verstanden werden. Die Weisen mancher Kulturen haben berichtet, dass es verschiedene nachtodliche Zustände gibt, z.B. eine Wunschwelt oder eine Erinnerungswelt. Für Mitteleuropa verweise ich besonders auf die Anthroposophie des Rudolf Steiner. Eine spezielle Phase nachtodlicher Erkenntnis ist, dass man selbst genau das erlebt, was man anderen Menschen angetan hat. Man mag das Reue, Gnosis, Fegefeuer, Mitgefühlsengramm, Identitätserlebnis, Liebe, Strafe, Sühne, Karma, Schmerz oder Gerechtigkeit nennen. Erleuchtete wie Buddha oder Martinus oder Swedenborg konnten sich ständig ganz in andere Lebewesen hineinversetzen. Der Durchschnittsmensch jedoch ist im Alltag in diesem (totalen) Mitfühlen sehr begrenzt. Anders ist das aber im Traum. Wie gemäß der o.g. Theorie Steiners über eine spezielle nachtodliche Phase können wir im Traum genau das am eigenen Leibe erleben, was wir z.B. gerade gestern einem Liebsten oder einem Feind angetan haben. So können wir arg im Traum „verlassen" werden, wie wir zuvor unsere Freundin abrupt verließen. Das Phänomen ist eigentlich einfach und von jedermann zu verstehen: der Täter spürt dasselbe wie sein Opfer, die Rollen wechseln (vergleichbar dem Karmaprinzip). Es können also Albträume auftauchen, weil wir im Rollentausch wie unser betroffener Mitmensch fühlen, und zwar vollständig.

Empfehlenswert ist, den Albtraum an sich dankbar aufzunehmen, weil er eine notwendige und im Prinzip hilfreiche Information ist. Der genannte spirituelle Hintergrund des Albtraums ist nicht so häufig. Wichtiger ist der Rat, das praktische Verfahren, sich beim wiederkehrenden Albtraum vorzustellen, was am Ende, wo der Traum abbricht, kommen könnte. In dieses Gefühl, Rollenspiel, d.h. in dieses Trauma, muss man hineingehen, denn am Ende oder nach dem Ende käme das Unerträgliche, da würde der panikmachende Inhalt auftauchen. Und dieser muss bewusstgemacht werden. Da geht es meist um größte Todesgefahren oder um extrem Tabuisiertes, um den reinen Phobos (panischer Schrecken). Durch diesen Inhalt muss man „durch", und er steht ganz nah am Ende des Albtraums (kein großer Schritt). Außerdem gilt auch hier: Der Traum ist keine Halluzination, Einbildung, sondern der Albtraum hat unbedingt eine konkrete Grundlage. Träume beruhen auf Fakten! Und wovor der Albtraum abbricht: das ist ein Faktum, meist ein grausames, mit enormem Nichtverstehen verbunden, auf jeden Fall mit Todesangst. Die Wiederkehr des Albtraums will, dass ich mir als Träumer etwas, was sowohl unerträglich als auch wahr ist, bewusstmache – und zwar zum Zwecke der Akzeptanz, Integration, Heilung und Beendigung. Wenn der Albtraum wirklich verstanden ist, kehrt er nicht mehr wieder. Seine Energie ist verlöscht.

12. Toilettenträume

Zu den Toilettenträumen gehört das große „Muss". Daraus ist also das Bedürfnis, der Druck, die außerordentliche Notwendigkeit zu erkennen. Hinzu kommt, dass es sich um eine Urform des Müssens handelt, d.h. um ein ganz archaisches, elementares, uriges Müssenwollen. Die Richtung der Aktivität nach vorn ist nicht aufzuhalten. Diese Einzelheiten mögen erklären, dass und warum es sich bei Toilettenträumen um allererste Ich-Anmeldungen handelt.

Der Inhalt kann sein: ich muss leben – oder: ich will hier einen Platz haben – oder: ich ringe darum, meine notwendigsten Bedürfnisse und Triebe durchführen zu können, ich ringe um Ur-Befriedigung – oder: ich möchte zur Befriedigung meiner ureigensten Interessen einmal allein sein können, mich zurückziehen dürfen – oder: ich will trotz aller Widerstände geboren werden – oder: warum stellt ihr Mitmenschen alle eure Bedürfnisse höher als meine?

Zu diesen Fragen gehören die typischen Einzelheiten der Toilettenträume: Die Toilette ist verstopft, gefüllt, von anderen rücksichtslos über-benutzt. Es ist alles schmutzig, voll mit Kot und dergleichen. Es ist keine Toilette zu finden. Oder der Raum ist verschlossen. Oder es fehlen die Wände, alles ist einsichtig. Dies bedeutet: Man lässt und gibt dem Träumer keinen Lebensplatz (ungewolltes Kind). Der Träumende gilt sonst oder generell als Störenfried. Oder alle Familienmitglieder setzen ihr Ego höher als das des Träumers bzw. ehemals des Kindes. Oder eine rigide, auch lustfeindliche Erziehung unterbindet Befriedigungen jeglicher Art, kämpfte ehemals gegen die Natur und gegen das harmlose Ich-Wollen des Kindes. Die psychische Hinterlassenschaften der Eltern überwältigen und verdrecken alles, d.h. unaufgearbeitete Komplexe und Neurosen werden weitergegeben, diese sitzen als Schmutz in der Schüssel und auf der Toilettenbrille; man erbt leider Unmengen von psychischem Kot und symbolischem Müll. Die Möglichkeit, ein Ich ungestört zu entwickeln, wurde einem geraubt, man stand ständig unter Kontrolle, Aufsicht, unter „Hineinsehen" und „Hineingehen", kein innerer Rückzug war möglich. Wenn die Toilette auffallend fehlt, vielleicht verbunden mit Holz- oder Schrank-Symbolen, kann es ein Zeichen sein, dass jemand gravierend gegen die Geburt des Träumers kämpfte.

Es spielen sich also oft in den Toilettenträumen schwere Triebunterdrückungen, allgemeine Verbote und Behinderungen sowie eine Geheiminformation über eine unwillkommene Existenz, über elementare Ablehnungen ab. Ergo ist die „Toilettenschüssel“ auch gerne ein Indikator für ein Abtreibungsgeschehen oder eine Abtreibungstendenz, zumal wenn die Zutaten „Eimer“ und „Wegschütten oder „Wegspülen“ mit im Spiel sind. Auch Eros-Blockaden sowie umgekehrt das Ausleben der Sexualität können sich in Toilettenträumen, manchmal ersatzweise bezogen auf „Urinieren“, zeigen. Besonders bei Männern kann Urinieren mit Ejakulation gleichgesetzt sein.

13. Sexualität

Um sexuelle Motive im Traum deuten zu können, muss man wissen, woher sexuelle Probleme oder Besonderheiten stammen. An erster Stelle des hier notwendigen Wissens aber steht, dass der faktisch vollzogene Coitus ein Todessymbol ist und dass umgekehrt „töten“ wie „sexuell tätig sein“ ist. Das findet sich schon in alten Traumbüchern, mit Warnung – und bewahrheitet sich in der Moderne tatsächlich, auch wenn die gängige Universitätspsychologie davon keine Kenntnis hat. Eine mögliche Begründung bedürfte eines tiefschürfenden Aufsatzes (nämlich eines Aufsatzes über die Einheit von Sexualtrieb und Tötungstrieb), für den hier nicht Platz ist. Besitz, Opfer sein, die extreme Gefühlsqualität (nicht umsonst spricht man bei der Sexlust vom kleinen Tod), die Gleichsetzung von Orgasmus und Himmelreich, die Auflösungserscheinung (Entspannung), die symbolische Identität von Geburt, Ejakulation und Sterben, die Tatsache, dass der Vater des Ödipus einen kleinen Jungen vergewaltigt, griechisch „getötet“ hatte, weswegen auch ihm Tötung durch einen Jungen verhängt wurde, die Tatsache, dass man sich im Sex „hingibt“, sowie auch die tragische Erscheinung, dass Kriegssieger töten und vergewaltigen zugleich, mögen kurz andeuten, dass die genannte Gleichsetzung, die betont ausgedrückt lautet: *sexualitas=aggressio*, nicht aus der Luft gegriffen ist. Den Archetyp könnte man so benennen: gewaltsamer Coitus ist eine Variante von Töten, und Töten ist eine Variante von Coitus/Penetration, beide treten zusammen auf – vielfach in der Welt belegt.

Ejakulation und Orgasmus entsprechen dem „Ejektionsreflex“, welcher zugleich der Auslösereiz der Geburt und des Milcheinschusses ist. Verweigerte Mutterbrust und blockierte Geburt zerstören oder schädigen die Heterosexualität außerordentlich. Alle Ängste in der Uteruszeit und besonders ein Geburtsprozess, der den Weg nicht freimachte, sondern blockierte, hemmen das sexuelle Leben des Erwachsenen später. Todesangst macht impotent. Kafka bezeichnete sein Leben als das (fortgesetzte) „Zögern vor der Geburt“ – entsprechend war seine Sexualität behindert, defizitär, zögernd, wartend, faktisch nicht oder kaum ausgeübt. Die Traumsymbole Einsperrung und Todesangst, auch Verspätung/Nichtfertigwerden können auf Sexprobleme verweisen. Der Sexblockierte vermeidet, ohne es zu wissen, eigentlich oder unbewusst den Tod, d.h. das eventuelle, vermeintliche neuerliche Sterbenmüssen. Angst, bis hin zur Todesangst, nicht zuletzt wegen eines ehemaligen extremem Beherrschtwerdens, kann auch dazu führen, das andere Geschlecht zu meiden, das eigene vertraute jedoch nicht. Für Homosexualität (sehr vielschichtig!) gibt es noch eine Reihe von anderen Gründen. Es kann etwa eine latent homophile Struktur eines Vorfahren von einem Nachkommen manifest ausgelebt werden. Oder es war z.B. ein Mädchen in der vorangegangenen Inkarnation ein Junge, es erfolgte eine Abtreibung, und der männliche Wunsch/Weg ist bei der neuerlichen Inkarnation noch nicht aufgegeben. Oder es „verteidigt" übertrieben, zu einseitig eine Frau das Weibliche, z.B. wegen der Kriegserlebnisse einer Oma. Zwei Jungen oder Brüder können männliche Homosexualität anzeigen. Wenn bei der Initiation des Sohnes der Vater „fehlt" (Verweigerung, Tod, Hinauswurf u.a.m.), beim Mädchen die Mutter oder eine vergleichbare Frau, kann Homosexualität, das ist öfters eine nicht-durchgeführte Pubertät, entstehen. Oder aber es ist eventuell ein Wesen weit fortgeschritten und in seinem Spiralweg längst auf der androgynen Bahn (wo wir alle hinkommen werden, wie etwa Engel), dann erscheint es der Welt, als hätte das Wesen eine Sexualstörung. Für einen Jungen gilt: Wenn etwa dies zusammenkommt: ein schwacher oder gar fehlender Vater, eine eher männliche oder kalte, gefühlsgestörte Mutter, die herrschsüchtig ist – dann ist die Möglichkeit groß, dass er homosexuell oder homophil wird. Unpassende Identifizierungen, z.B. die der Tochter zu sehr mit dem Vater, sowie Manipulationen der Erwachsenen erzeugen Sexualprobleme. Am meisten schädigen jedoch das Geburtstrauma oder eine andere ähnliche Toderfahrung (z.B. in der Uteruszeit oder Brustzeit), sprich: Hochstress lädiert Sexualität. Des weiteren wird Sex mit Emotio/Liebe verwechselt, so dass sich eine

Reihe emotionaler Störungen als im Sex niedergeschlagen, verschoben also, finden lassen. Zusammengefaßt: Bei Sexualstörungen geht es, meist jedenfalls, nicht um Sex, sondern um Person, Angst, Tod. Sex im Traum ist ein Gleichnis. So ist Missbrauch in erster Linie Herrschen, Gewalt, nicht Eros.

Wichtig ist, dass Sexstörungen vornehmlich aus dem Erfahrungsbereich Zeugen/Empfangen/Schwangerschaft und Geburt kommen. Der Urgrund liegt nicht im Lustthema, sondern in dem alten gravierenden Thema „Kind ja oder nein". Erst wenn man dies berücksichtigt, kann man seine eigenen sexuellen Besonderheiten verstehen. Beim Sex geht es archaisch ums Zeugen – und das bleibt unbewusst so. Auch der Wiederholungszwang spielt eine große Rolle. Zum Beispiel: Der wie auch immer Missbrauchte vergewaltigt gern später selbst – oder aber setzt umgekehrt das Opfer-Sein als Muster fort.

Sexuelle Aktivitäten im Traum stellen sich oft als „Sport, Turnen, Gymnastik" dar, wahrscheinlich wegen des betont körperlichen Aspekts. Das coitale Tun direkter erscheint gern als „Ball-Wechsel" (Fußball, Tennis, Volleyball etc.), d.h. als ein spannendes, erregendes Match, eine hochinteressante Mischung aus Spiel, Lust und Kampf/Streben, das unbedingt ein Gegenüber, den Ping-Pong-Effekt braucht, den aufputschenden Austausch und ein befriedigendes, erschöpfendes Finale. Auch die Zahl 6 (z.B. 6 Schubladen, 6 Knöpfe) meint oft als Symbol Sexualität. Im Traum zeigt sich, dass das Unbewusste, wo die Quelle der Aggression sitzt, dem

Unbewussten, das den Sex hervorbringt, in etwa gleicht; es geht hier also im Prinzip um **ein** Potential, mit vielen Konsequenzen und Implikationen, auch wenn man das gerne verdrängt. Wer aggressionsgehemmt ist, ist in der Regel auch sexgehemmt. Oder Sex erscheint als ein lustiger Kampf.

Eines der Traumsymbole für den Genitalbereich der Frau ist das „Mädchen" (oder die „Tochter"). Kontakt, Sehen oder Freude über dieses „Mädchen" bedeutet erfüllte weibliche Sexualität. Das Fehlen dieses Mädchens berührt großes sexuelles Defizit. Ähnlich stellt „Sohn/Junge" den Penis/Phallus des Mannes dar.

Das Thema „Vergewaltigung" ist mehrdeutig im Traum. Es kann auf Fakten beruhen, indem die Träumerin oder der Träumer – vielleicht unbewusst – tatsächlich in irgendeiner Weise früher Gewalt erfuhr (1). Es bezieht sich aber auch oft auf Mütter, Großmütter, die tatsächlich sexuell vergewaltigt wurden (2). Oder es entspricht einem gewissen Wunsch (3). Das ist so zu verstehen: Eine Frau weiß um ihre Widerstände, Blockaden, sexuell erfüllt zu leben. In der Realität hat sie meist einen männlichkeits-geschwächten Mann zum Partner genommen. Die Träumerin weiß unbewusst: wenn jemand ihre Hemmungen brechen könnte, würde sie sexuelle Lust empfinden. Also inszeniert sie z.B., dass von einem sexuell interessierten Mann ihre Arme und Beine gebunden werden. Sie kann sich nicht wehren, der Tatkräftige steht kurz vor dem Vollzug. Vielleicht gibt es noch einen Hilferuf, der ist aber nicht nachhaltig oder wirksam genug. Dann bricht in der Regel der

Traum ab. Sie kann also in ihrem Widerstand bleiben, nähert sich andererseits aber auch dem Sich-Ergeben. Beides ergibt Sinn, ist Teil ihrer Persönlichkeit. Ein kriminelles Ereignis liegt in einem solchen Traum also nicht vor, sondern der unterdrückte Teil-Wunsch, sich hemmungslos hinzugeben. Ohne Gewalt, glaubt die Träumerin unbewusst, wird sie ihre sexuellen Hemmnisse, erworbenen Widerstände nie los; und vielleicht stimmt es ja. Der Archetyp ist das rücksichtslose männliche Tun wie in der Steinzeit oder wie im Tierreich, oder der Archetyp ist der männliche Mann, das animalische Männchen, das nicht fragt bzw. das Reiz, weibliche Einladung für die Erektion nicht braucht. In der Psychologie ist bekannt, dass emanzipierte Frauen nicht selten das Vergewaltigtwerden träumen. – Man betrachte diese Dinge unter dem Aspekt der Kompensation, unterstelle also keineswegs Frauen reale Vergewaltigungswünsche.

Insgesamt ist der Satz „Sex regiert die Welt" so falsch nicht; dies muss man zur Ehrenrettung von Sigmund Freud oder Arthur Schopenhauer sagen. Hinter Sex verbergen sich krampfhaftes Luststreben und übersteigertes Ego, in nuce jedoch die Aggression. Die sexuelle *libido* und die *aggressio* sind Triebe, Potentiale, die sehr affin sind, die austauschbar sind (mit einem Anstatt und Ersatz), die hormonell eine hohe Identität aufweisen, die benachbart angesiedelt sind. Wenn die Liebe im Herzen, der Groll in der Leber sitzen sollen, dann ‚sitzt' dieser kombinierte Trieb, das Sexualitas-aggressio-Gemisch, im Genitale. Diese Variante des allgemeinen „Willens zum Leben" sah auch Schopenhauer dort lokalisiert. Dazu passt die Behaarung, das Tierartige im Genitalbereich: „Fell und Haar“ stellen die typische Mischung aus Aggressionstrieb und Sexwollen dar. Im Islam soll die Frau unten rasiert sein = wohl als Unterwürfigkeitsgeste Aggression dort wegnehmen. Bei den Männern ist der genannte Zusammenhang offenkundig: das Hormon Testosteron sorgt sowohl für sexuelle Libido als auch für Aggression. Hier belehrt uns die Natur über einen Konnex, über das, was zusammengehört.

Im Unbewussten werden gern Macht/Waffe/Phallus mit Männlichem gleichgesetzt. Eine dominierende wie auch etwas unweibliche Frau kann im Traum als Mann, als Person in Männerkleidung oder als Frau mit vielen Hunden oder mit einer Waffe auftreten. Vom „Penisneid“ sollte man dabei nicht gleich sprechen. Aber es gibt den Archetyp, dass eine Frau als betonte Täterin, etwa beim sexuellen Missbrauch, männlich erscheint und das Opfer dagegen wie ein Weibchen oder wie ein Kind. Früher Missbrauch ist im übrigen nur selten bewusstseinsfähig und auch im Traum kaum sichtbar oder greifbar. In der Regel ist er nur indirekt zu erkennen, und zwar an Wut, Entsetzen sowie an Tabus, die nicht recht erklärlich sind, oder an irgendwelchen Unfähigkeiten (= Im-potentien), für die man keinen Grund findet.

Sexuelles Tun im Traum spielt sich nur selten mit dem aktuellen Partner ab. Meistens betreiben wir Sex in unserem Nachtkino mit einem anderen Partner, einem ganz Fremden. Von der Natur her ist der Mensch eher promiskuitiv. Die Kultur aber drängt darauf, dass nur feste Partner, z.B. in einer Ehe, die dem Nachwuchs eine Zukunft bieten können, zeugen sollen (Sex haben sollen); und das ist im Prinzip, im Interesse der Kinder, nicht unklug. Männerträume umschwirren die sehr jungen Frauen mit den schwellenden Brüsten (wie die Huris im islamischen Paradies). Frauenträume weisen ein anderes Verhalten auf, man verkehrt im Traum mit Prominenten, das sind erfolgreiche Anführer im Steinzeitstamm; männliche Macht zieht Frauen evolutionsmäßig begründet enorm an. Zusammengefaßt: Sex meint oft anderes, z.B. die Geburt. Und es meint eher Psychisches (z.B. bei Geschlechtswandel).

14. Tod und Jenseits im Traum

In dieser kurzen Darstellung kann es nicht darum gehen, vertieft die hier notwendige Frage zu klären: was überhaupt ist ein Traum? Doch die zugrundegelegte, je gewählte Traumtheorie ist wichtig für die Deutung eines einzelnen Motivs, zumal bei Jenseitsträumen. Es gibt z.B., wie ausführlicher in anderen Kapiteln erläutert, folgende Traumtheorien: Jeder Traum ist ein Wunschtraum bzw. eine Wunschanmeldung (S. Freud) – oder der Traum ist Wahrheit, Bestandsaufnahme (C .G .Jung) – oder der Traum zeigt primär nur die Neurose (A. Adler) – oder der Traum ist unser „eigenes“ Produkt, von nichts sonst kommt er, daher ist man dafür „verantwortlich“ (F. Nietzsche) – oder der Traum ist „Verpflichtung“ (Indianerwissen) – oder der Traum ist Prognostik, Zukunftsschau (so unsere Altvorderen und alle alten Kulturen in der Welt) – oder

der Traum ist Gottes Stimme, Leitung, Warnung (der religiöse Ansatz) – oder der Traum ist „subjektstufig“ zu sehen, alles ist Teil des träumenden Subjekts (Projektionstheorie) – oder die vorkommenden Figuren sind objektiv („objektstufig“), sind also diejenigen in der Außenwelt, in der Realität uns gegenüber. Oder es beschreibt z.B. Rudolf Steiner das Wesen des Traumes so, dass wir zwar Zukunft träumen, jedoch in den Kleidern, Erfahrungen der Vergangenheit. Auch besteht kein allgemeiner Konsens in der Frage, in welcher Dimension ein Traum sich abspielt, welche Zeitrichtung er bevorzugt einschlägt. Es gibt auch keine Übereinstimmung darin, ob ein Traum grundsätzlich psychologisch oder spirituell zu lesen ist. Jedenfalls selten ist Spiritualität nicht im Traum.

Ein Traum kann viele bzw. mehrere Ausrichtungen, Bedeutungen, Bezugssysteme haben, d.h. er ist mehrdimensional. Und der Traum scheint sich außerhalb der Zeit und auch außerhalb der Gesetze der Materie zu bewegen. Und er kann sowohl sehr banal im Inhalt sein als auch hochspirituell. Die Sprache des Traumes ist die „Bildersprache“. In Analogien und Gleichnissen redet das Unbewusste zu uns. Das ist anders als die antithetisch, trennend denkende Ratio, das „unterscheidende Bewusstsein“, wie Buddha das Denken nennt. Das Bewusstsein denkt in Gegensätzen, in den Kriterien der Aristotelischen Logik; das meint, dass das Bewusstsein sagt: Entweder ist etwas tot oder lebendig (Ja oder Nein). Das Unbewusste dagegen sagt: Geburt und Tod sind an sich oder im Prinzip dasselbe. Solche Zustände sind als Yin oder Yang nur zwei Seiten **einer** Medaille. Besonders C.G. Jung hat uns gelehrt:

alle Symbole sind ambivalent (zweiwertig), in der Tiefe des Unbewussten, d.h. besonders im Traum und in der Symbolsprache, fallen die Gegensätze, also Avers und Revers, zusammen. „Tränen“ meinen Freude und Leid, „Rot“ (oder auch „Blut“) ist Leben/Liebe/Sex sowie Aggression/Kampf/Todesgefahr, „Schwarz“ ist Power/Wiedergeburt und Trauer/Tod, „Weiß“ ist Potenzierung/Verstärkung/Himmlischkeit und Sterilität/Tod, „Grün“ ist Leben/Wachstum und auch Unreife/Jenseitsfarbigkeit. Der Zusammenfall der Opposita gilt besonders für die nun näher zu betrachtende Todessymbolik im Traum: Mit der biologischen Vernichtung kann zugleich die Unzerstörbarkeit einer anderen Substanz oder Persönlichkeit angezeigt werden. Dass Plus-Minus-Bewertungen wegfallen, zusammenfallen, ist eine kosmische Sicht, die vielleicht klüger ist als unsere Ratio, ist eine Sehweise, die die Gegensätze von „Gut“ und „Böse“ verlässt bzw. diese als Illusionen entlarvt. Gerade bei Todesträumen (Vernichtungen) ist zugleich das sichere Wissen um das sofortige Weiterleben mit dabei.

Wenn der Mensch stirbt, wird er empfangen, begrüßt, „abgeholt“, auch per Gefährt (Luftgefährt). Viele Träume und Nahtodberichte zeigen das. In Einzelfällen „sieht“ der Sterbenskranke seine alten vorangegangenen Kameraden und Verwandten schon in seinem Zimmer – und teilt das mit. Freude und „Jubel“ herrschen, wenn man sich im Jenseits wiedersieht (wenn man durchs „Fenster“ steigt). Die „Farben“ drüben sind „sehr schön“, wie sie im übrigen auch in uteralen Traumerinnerungen sind. Es gilt cum grano salis diese Gleichung: Uteruswelt = Traumwelt = Jenseitswelt. Zu der Ankunft bei Gleichgesinnten, Verwandten und Liebenden passt, dass man ehemals, als man auf die Erde kam, im Jenseits verabschiedet und zu Grabe getragen wurde; diese Art von Begräbnissen als Verabschiedungen vor einer neuen Inkarnation kann man im Traum sehen.

Den erleuchteten, zusammenfassenden, visionären Blick auf das ganze Leben, sozusagen im Zeitraffer, hat man kurz vor dem Sterben (Rudolf Steiner erwähnte das bereits als „Erinnerungstableau"), aber auch vor der Geburt. Dieser Erkenntniszustand ist ein zeitloser, außerhalb der Zeit stattfindender, bzw. ein zurückblickender und eine vorausblickender, und ein Zustand, der alles wahr und richtig versteht, wie es sonst nie mit dem beschränkten Erden-Bewusstsein möglich ist. Die Träume sagen, dass die „Sterbeform eine Erkenntnisform" ist und dass der Tod der Sinn des Lebens ist ...

Im Volksglauben früher warnte man davor, einem Verstorbenen im Traum die Hand zu geben. Zuweilen kann Todesangst im Traum sich so äußern, dass eine Tür aufgeht, zum Draußen, Oben, Himmel hin, und ein Verstorbener droht hereinzukommen (überhaupt als „Einbruch"). Doch im Grundsatz ist der Kontakt mit Verstorbenen im Traum gefahrlos, problemlos, ganz normal. Die Verstorbenen existieren, und zwar in der geistigen Welt, von wo es aus nur ausnahmsweise, aber doch manchmal faktisch, einen Verbindungskanal zur hiesigen Welt gibt. Bekannt ist z.B. die „weiße Ahnfrau", eines der berühmten Gespenster, zu denen auch Poltergeister gehören (außerhalb des Traums gibt es einen Kontakt zu Verstorbenen nur sehr indirekt, mittelbar und auf Umwegen, man kann sagen: eigentlich praktisch nicht). Die Ahnfrau mag man als die hauptverantwortliche Frau in der Sippe, im Clan bezeichnen, als den weiblichen Ober-Schutzgeist (vgl. die germanische, skandinavische fylgja-Seele, aber auch Ähnliches in Afrika, überhaupt im Ahnenkult). Es ist durchaus möglich, dass die Ahnfrau einer jungen Frau im Traum Empfängnis und Geburt eines Kindes ankündigt (ein Fakt, der später verifizierbar ist).

Typische, verbreitete Symbole fürs Sterben sind „Weggehen/ Trennung“ und „Einsamkeit“ sowie „Alleingelassenwerden“. Ich betone an dieser Stelle einen wichtigen Punkt: Sofern ein Todessymbol im Traum auftaucht, ist zuerst einmal ganz offen, ob es um ein Ereignis in Vergangenheit, Gegenwart oder Zukunft geht, auch ob es mich oder eine andere Person meint, auch ob es Furcht/Wunsch oder Faktum/Realität ist, auch ob es eine Übertreibung oder nur ein Symbol ist (d.h. ein „So wie wenn.“). Dargestellt ist zuerst einmal nur, dass das **Thema** Tod momentan im Unbewussten präsent ist, durch Tagesereignisse ausgelöst, und das muss nichts aussagen über einen eventuell bald folgenden Tod! Auch die für den Traum typische Übertreibung muss berücksichtigt werden. Wer im Traum heroin-süchtig ist, ist z.B. in der Realität nur cola-süchtig. Und wer im Traum stirbt, ist in der Realität noch lange nicht tot, um es banal zu sagen. Das Motiv „Weggehen“ ist oft damit verbunden, dass man der betreffenden Person „nicht folgen kann“, z.B. auf die andere Straßenseite oder Flussseite, oder dass kein Kontakt zu ihr möglich ist, keine Kommunikationsmöglichkeit. Dazu ein kurzes Beispiel: Eine Frau träumte, dass ihr Mann durchs Haus, Wohnzimmer hinausging, auf die Terrasse, ins Draußen. Dabei konnte sie ihn nicht aufhalten, ansprechen, zurückholen. Am nächsten Morgen, als die Frau aufwachte, lag ihr Mann verstorben im Ehebett (Fakten). Ähnlich träumte eine Ehefrau den Tod ihres Mannes voraus, als sie sah, dass dieser von der längst verstorbenen Schwiegermutter auf einer Straße „abgeholt und herzlich begrüßt wurde".

Ein weiteres Jenseitsmotiv ist die „Heilige Hochzeit". Es läuft z.B. ein schöner, idealer Partner, das Gegenstück zum Träumer selbst im anderen Geschlecht, das Duale also, auf den Träumenden zu, so passend, wie man es auf Erden nicht finden könnte und konnte. Lust und Liebe sind sehr groß, doch es ist kein Sextraum. Sondern es spiegelt sich das heilige Wissen im Unbewussten: Im Jenseits werde ich **ganz** (aus zwei Teilen), vollkommen und erlöst. Im Himmel ist man nicht mehr halb, polar, bedürftig nach Ergänzung (oder heterosexuell) – sondern saturiert. Man gleicht einem androgynen Endtypus, dem nichts fehlt. – Sex spielt im Himmel ggf. nur in der ersten Phase eine Rolle, wenn die „Wünsche" die erste „Jenseitsumgebung" bestimmen – und zwar so lange, bis diese befriedigt und man dieser satt ist. Darauf folgen weitere Phasen, Aufstiege. Man kann sagen, dass es 10 Himmelsstufen (Sephirot) gibt. Alternativ kann man auch von wenigstens 7 geistigen Stufen sprechen (vgl. den „siebten Himmel" sowie die Traumtheorie der sieben Entfernungsstufen der Seele vom schlafenden Körper im Hinduismus).

Für den Wissenden (zu solchen zählt der Träumer) können sich Erdens- und Himmelskategorien „vertauschen". Kurz bevor der Schwerkranke stirbt, hat er vielleicht einen Heilungstraum, dass er „gesund" sein Bett verlässt und wieder völlig intakt ist. Das ist kein Wunschtraum (wie etwa nach S. Freud zu deuten wäre), keine Illusion oder Halluzination, sondern der spirituelle Ausdruck dafür, dass man im Jenseits „vollkommen geheilt und gesund" ist. Generell treten die Jenseitigen im Traum in ihrer Ideal- und Schönheitsgestalt, und in entsprechendem (jugendlichem) Alter, auf. Alternativ aber auch manchmal in ihrer Traumatisierung, die im Leben allen Blicken verborgen war. Beides sind Stücke von Wahrheit, einmal die aktuelle, einmal die frühere Wahrheit. Die Verstorbenen existieren, definitiv, aber natürlich in einer anderen Dimension, wie durch einen Vorhang getrennt. Sie fühlen ihr Leben, schauen auf die Welt wie auf ein Jenseitsreich.

Wenn einer Person im Traum der Kopf abgeschlagen wird oder jemand bzw. eine Sache begraben wird, bedeutet das symbolisch: die Sache ist für mich beendet (gestorben), oder ich bekomme eine neue Einstellung, im Kopf, als Kopf. Konkret Totes/Tödliches im Traum meint in aller Regel nur eine Art Ende, mit Schmerzen, einen Neuanfang. „Tod" als Symbol bedeutet: radikale Wende.

Eine besondere Bewandtnis hat es mit der Sexualität bzw. mit dem Coitus. Der „Coitus" als Symbol ist sehr oft, nicht immer, ein direktes Zeichen für Tod, Töten, Sterben. In ägyptischen, griechischen, arabischen, byzantinischen, mittelalterlichen

Traumbüchern wusste man das bereits und warnte entsprechend, zumal den im Traum coitierenden Mann als Leser. Sex kann mit „Jagdszenen" zu tun haben (vgl. dazu Märchen und Mythen), und Vergewaltigen ist symbolisch „Töten" (vgl. etwa König Laios und die Ödipusgeschichte), und das Energiereservoir, Potential für Sex und Aggression bei Mensch und Tier ist im Grunde dasselbe (vgl. S. Freud), beide Triebe stammen aus einer Quelle (mit symbolischem Sitz übrigens im Genitalbereich, in einem unteren Chakra). – Ergo oder umgekehrt kann „töten können" im Traum bedeuten: erstes sexuelles Abenteuer.

„Einsamkeit" ist eine Vorstufe von Tod, nicht nur im Traum, sondern auch in der Gesellschaft oder Realität, zumal für die Alten. „Sich nicht mehr verständlich machen können" kann zum Einsamkeitsmotiv hinzukommen. Auch beim „Ertrinken" ist ein Todthema aus dem Unbewussten nach oben geschwemmt worden, meist verbunden mit schmutzigem, schlammigem Wasser, mit Matsch, Sumpf. Oder es kann die Schwierigkeit, „von A nach B" zu kommen, eine Art nahen Todeskampfes anzeigen. Grundsätzlich gilt: Geburts- und Todessymbolik sind austauschbar, nicht zuletzt über das „Tunnel"-Symbol (dahinter verbirgt sich eine tiefe Weisheit). Oft werden im Traum Tod-Erinnerungen und –Darstellungen in der Form uteraler Schwierigkeiten, Ängste oder in der Form vorangegangener Fehlgeburten, Abtreibungen sowie in der Form von Todesnöten bei der Geburt (oder auch im Zusammenhang mit einem Brusttrauma) gezeigt. Oder es werden Tode vorgeführt aus früheren Leben. Desgleichen sind in vielen Träumen die

Todesängste, Toderlebnisse der Vorfahren präsent (natürlich aber auch die Erfolgserlebnisse der Vorfahren); vgl. dazu die Systemische Psychologie, die Familientherapie und das Familienstellen, die Kollektivseele der Familie oder das „wissende Feld“ des Clans. Dass Tochter, Mutter und Großmutter mit 14 Jahren jeweils den „gleichen Traum“ haben, ist nicht selten, sondern ist mir oft berichtet worden, z.B. über ein todähnliches Erlebnis, d.h. mit dem Thema Todesgefahr. Markante Trauminhalte (auf ehemaligen, alten Fakten und Erlebnissen beruhend, nicht auf Einbildungen, z.B. auf Krieg, Vertreibung) werden sozusagen „vererbt“, und das betrifft besonders das Todthema.

„Fliegen“ zeigt an, dass sich die ewige Seele vom Zeit-Materie-Raum-Körper lösen kann. Es wird die mentale Distanzierungs- und Transzendierungsfähigkeit in einer Art von Out-of-Body-Erlebnis dargestellt. „Fliegen“ ist eine vorläufige, vorübergehende Himmelfahrt/Loslösung des freien Geistes (und macht deshalb Lust). Fliegen ist ein schöner Vor-Tod oder eine Todes-Einübung. Die Träume lehren uns: Die „Himmelfahrt“ ist für jeden Menschen sicher, sie beginnt sofort nach dem Tod (nicht erst am Jüngsten Tag). Levitation (oder Schweben) wartet auf uns alle.

Es gilt natürlich andererseits den Schmerz beim Sterben nicht zu leugnen: das Biologische wird vernichtet. Das kann sich so zeigen: Haus, Körper, Wald/Vegetation/Grünes „verbrennt“, wird dann schwarz („verkohlt“), oder ein Auto wird vernichtet. Vgl. zu den „Flammen“ die Bilder, Zeichnungen von sterbenskranken Krebspatienten. Es bleibt jedoch als Unzerstörbares erkennbar, z.B. als Edelstein oder als Kristall oder als Buntsandstein, als Wolke oder Feder oder Vogel: das Seelische oder Geistige. – Bei der „großen Reise über das Wasser", meist nach „Westen" (oder nach „Nordwesten" oder „nach oben"), nähert sich das Lebewesen den Dimensionen oder Persönlichkeiten, die viel an „Licht" aufweisen, ausstrahlen. Der Aufbruch in die Ewigkeit kann auch am „Waldrand" (Geburtssymbol) geschehen, und die jenseitige Umgebung ist idealste „Natur". Auch Luftgebilde und Gestirne können die andere Welt andeuten. Auf dieser „Reise", die in vielen Mythen beschrieben ist, nimmt man fast nichts mit. „Koffer, Kleidung und Arbeitsanzug" (das ist Weltliches) bleiben hier, mitgenommen werden dagegen symbolische Sachen/Werte wie etwa diese: „Poesiealbum, Fotos, Halbedelsteine", und das sind die persönlichen seelischen Erfahrungen, die man in den Himmel als Entwicklung, geistiges Resultat mitbringt. In den Träumen, wie auch gemäß manchen Religionen, muss man bei der Ankunft drüben einen „Vortrag halten", oder man bringt ein/sein „Buch" mit. Wie in einer interessierten Schulklasse warten die Verstorbenen auf den Ankömmling. Ein „Bericht" wird erwartet, man könnte auch sagen: „Verantwortlichkeit" wird übernommen, dargelegt und dargestellt – jedoch in einer sehr lieben, wohlwollenden Umgebung, nicht in Strenge. Wenn der „Bericht" nicht fertig ist, muss man zurück; so ein Traum kann z.B. zu einem Herzanfall gehören, den man überlebte, wo man also nur nahe am Tod gewesen war.

Aus vielen Traumerfahrungen heraus kann versichert werden, dass der Mensch trotz der Zweifel seine „Aufgabe“ hier erfüllt und dass man am Ende trotz vieler Umwege bei dem Ziel „ankommt“, das man gewählt hatte oder das einem bestimmt war. Die Träume sagen übrigens tendenziell: das Schicksal wird „zugeteilt“. Auf der Erde ist man „Gast“. Symbole für die Ankunft auf der Erde sind z.B.: Einfliegen, Flur, Hotel, Rezeption, Haustür. Und man baut auf der Erde an seinem „achteckigen weißen Marmortempel“ = d.h. an der spirituellen Entwicklung. Das Erdenleben ist nicht Selbstzweck. Kobaltblau und golden bzw. lapislazuli-farben sind die Paläste im Himmel. Sieht man solche Farben, spricht man zuweilen im Traum: „So ist es ja, wenn man tot ist.“ Das Äußere der „Umgebung“ (des Himmels) und der „Seelen“ deckt sich kongenial mit dem Mentalen und mit dem inneren Entwicklungszustand. Es gibt keinerlei Verstellung, keine Lügen, sondern außen ist gleich innen; so gilt es im Jenseits. An seiner Gestalt kann man eines jeden Entwicklungszustand erkennen. Ähnliches lässt sich in den Visionen des Emanuel Swedenborg nachlesen.

Der oberste Himmel ähnelt der Nirwana-Vorstellung, mit advaita = Nichtzweiheit: kein Gegensatz, kein Zweites, keine Veränderung (!), kein separates Ich. Allein so etwas ermöglicht „totale Angstfreiheit“ (!), im Traum erlebbar; und das ist unsagbar schön, und das ist auf der Erde nicht möglich. Dort sieht man, dass das „Nacheinander“ unserer Entwicklung eine Illusion ist. In der Ewigkeit gibt es keine „Evolution“ (oder Zeit), nur Statik, Ruhe, Gleiches, Sein, Eins. Etwas wie Zukunft und Entwicklung empfindet man nur aus der Erdenpassage und -perspektive heraus sowie noch schwach, immer geringer werdend, in den untersten Himmeln oder im sogenannten Zwischenreich zwischen zwei Inkarnationen (vgl. das Tibetische Totenbuch). Folgende drei Zustände sind in gewissem Sinne identisch: Erleuchtung, Jenseitsaufenthalt, tiefste Tiefschlafphase. Und das beste Medium für diesbezügliche Erkenntnisse ist der Traum .

Ein Nachtrag vielleicht noch zur Nicht-Zweiheit: Jesus als sogenannter „eingeborener" Sohn ist Jesus „mono-genes" (griechisch). D.h. Jesus ist Eins-Erzeugter, aus der Eins (monos) stammend, nicht aus der Zwei. Wie Jesus in den koptischen Nag-Hamadi-Evangelien erläutert, stammt er „aus dem, was Eins (oder einheitlich) ist", das meint: nicht aus der Polarität, Dualität, Zweiheit. Das übliche Lebewesen auf der Erde, incl. der Mensch, verdankt seine Existenz der oppositio, dem Kontrast, der Zweiheit (z.B. einem Vater und einer Mutter) – dagegen stammt Jesus, jedenfalls nach dieser uralten gnostischen Überlieferung, nicht aus der Gegensätzlichkeit oder aus zwei verschiedenen Kräften/Elementen, sondern aus dem Himmelsbereich, den man als „advaita" (oder monos) bezeichnen kann, aus der totalen Einheit. Das ist die Bedeutung der missverständlichen Bezeichnung „ein-geboren", mono-genes. Dass es keine Gegensätze, absolut kein Zweites gibt, ist ein Hauptcharakteristikum für den höchsten Himmel. Das kann man im Traum erleben. Selten zwar – aber es zeigen Träume manchmal eine Vorstufe der ewigen Eins, nämlich die Etappe der Ganzwerdung oder der Integration des Gegensatzes: So kann beispielsweise eine Witwe den kurz zuvor verstorbenen Mann mit einer weiblichen Schönen sehen; beide haben außerirdisch anmutende Kleidung an, eine Art Hubschrauber findet sich schon im Hintergrund, und alles glänzt von Gold. Dies meint die übliche Androgynisierung eines jeden Menschen in der geistigen Welt (das ist geschlechtlich **ganz** werden), den Beginn der Himmelfahrt (Flug, Abgeholtwerden) und es zeigt das Gold als Ewigkeitssymbol. Solches ist gewissermaßen der Start zur Nirwana-Welt. „Jedem droht die Himmelfahrt", kann man formulieren, ebenso scherzhaft wie ernst. Die nirwana-ähnliche Welt, die man im Traum in Ausnahmefällen besucht, im siebten oder im zehnten Himmel, ist die ohne jegliche Gestaltung, ohne jegliche Formen (!).

Zum Schluss sei angemerkt, dass „Elektrizität" ein Symbol für Leben, Lebenskraft ist und dass daher das „Verlöschen des Lichts" den Tod, eine Todmöglichkeit, eine Todnähe oder eine alte Erinnerung an frühere Tode anzeigt. Elektrischer Strom, Blitz, Feuer, Licht oder Funken (... der Gotteskraft, könnte man ergänzen) – sie meinen den belebenden Geist, das entscheidende Fluidum, die Energie, den Impuls, welche das Materielle beleben; auch als Atman, Odem Gottes, Od-Kraft, Pneuma zu bezeichnen. Wenn im Traum ein Stern verlöscht oder der elektrische Strom ausfällt oder auch wenn eine Batterie leer ist oder wenn eine Antenne abknickt, oder wenn es Filmrisse im elektrischen Monitor gibt, dann droht die „belebende Kraft" zu weichen. Die obersten Götter sind die Herren der Lebenskraft, deshalb sind sie im Besitz der „Elektrizität", haben laut der Antike die „Blitze" in der Hand (Zeus, Jupiter u.a.m.); das meint: sie verfügen über die höchste vitale, vitalisierende oder geistige Energie (der Grund ist nicht, dass sie etwa Wettergötter wären, wie es in den Schulbüchern heißt). In diesem Sinne ist „Stromausfall" ein arges, ein wichtiges Traumsymbol . Im abgeschwächten, alternativen Falle ist jedoch nur eine Variante der allgemeinen Lebenskraft geschwächt, nämlich der Eros, und dann geht es nur um eine sexuelle Störung oder Unfähigkeit; das ist, per Extremisierung, in gewissem Sinne mit Stromausfall als Tod vergleichbar, und vielleicht nur ein vorübergehendes Phänomen bzw. bevorzugt eine Erinnerung.

15. Reinkarnation

Es hat einiges für sich, von der Wahrscheinlichkeit der Wiedergeburtslehre auszugehen. Im Traum erscheinen manchmal bekannte Namen aus der Geschichte – andere Namen wird man wegen Unbekanntheit nicht der Geschichte zuordnen, obgleich es vielleicht historische Personen sind (etwa ein Ur-Großvater von uns) –, und zwar etwa so, dass man diesen fernen Größen enorm nahesteht oder wie sie agiert. Dabei hätte man bewusst nie an diese Personen gedacht. Bemerkt aber z.B.: dieser Kant oder dieser Herr Benz haben anscheinend etwas arg mir Ähnliches, ein mentales oder ein biografisches Element. Hier könnte man auch an einen Gedanken der Kabala denken, dass es nämlich Teil-Inkarnationen gibt oder vorübergehende, partielle Seelenwanderungen. Gemeint ist: ein großer Rabbi kann sich angeblich mental in vielen Seelen wiederverkörpern (= ausbreiten). Man muss gerade bei der

Reinkarnation nicht nur an Seelen, sondern auch an Seelen-Anteile denken.

Wenn es die Wiedergeburt gibt, wofür es viele Indizien gibt, meist außerhalb des Traums, wissen wir dennoch nicht, wie genau das abläuft. Welche Matrix inkarniert, und wie vollständig? Wann, ist sowieso unklar. Wie oft, ist auch unklar. Gibt es Inkarnationen auf Planeten, in anderen geistigen Welten, oder gar in anderen Universen?

Dass Träume Vergangenheit zeigen können, wie auch Zukunft, muss man zweifellos für möglich halten. Bestimmte Traumstufen, -sorten spielen sich im zeitlosen Bereich ab. Dort ist Vergangenheit, Gegenwart und Zukunft eins. Das Zurückblicken umfasst grundsätzlich alles, also auch die gesamte Evolution oder die früheren Leben, nicht nur die typischen Inhalte der Kindheit und Sippschaftsvorgeschichte (etwa der Familienseele, des Unbewussten).

Empirisch, logisch an die Reinkarnationslehre herangegangen, fallen drei Erfahrungswerte auf, die öfter in Träumen vorkommen und die nahelegen, dass es sich um einen Traum aus einem letzten, vorangegangenen, früheren Leben handelt:

1. Offensichtlich ist die Schuldfrage zu einem Thema manchmal im Traum total vertauscht. Jeder Träumer erkennt hier (nach einem solchen Traum), dass die „Schuld“, die gezeigt wird, eindeutig auf der falschen Seite liegt. Beispiel: Der Träumer sollte real abgetrieben werden, setzt sich engagiert

für ungeborenes Leben ein, handelt aber selbst im Traum abtreibend (etwa durch Tritte gegen entsprechende Frucht) und hat ein großes Schuldgefühl. Dies macht eigentlich nur Sinn, wenn es ein Karma gibt und wenn das Karma darin besteht, dass der Träumer selbst in einem früheren Leben abgetrieben hat.

2. Es liegt Geschlechtswechsel vor, oder überhaupt wieder ein „Wechsel". D.h. z.B. der Träumer sieht eine Person, die real ein Mann und ein erfolgreicher Chef ist, ganz deutlich weiblich im Traum, aber mit demselben Namen etc., und hier vielleicht als hilfsbereite Sekretärin (eines ähnlichen, möglichen Chefs). Dieser Geschlechtertausch ist in der Wiedergeburtslehre, von einem Leben zum anderen, allgemeine Annahme. Die ehemals liebe, dienende Sekretärin hatte sich das aktuelle alternative Chef-Sein im vorherigen Leben karmisch verdient, so könnte man denken, in einer Vorstufe als Frau.

3. Es kann im Traum die Zwischenwelt, Bardo, angesprochen sein, und zwar in der Weise, dass von Berufsausstieg, Ruhe, Pause, Entlassung, Auszeit, Stellungswechsel oder gar Fahnenwechsel gesprochen wird. Dieses an Pause oder Wechsel im Arbeitsleben meint nicht den Beruf, sondern die Zeit zwischen zwei Leben, Lebensaufträgen, Berufungen. Also so eine „berufliche Auszeit" im Traum ist verdächtig – für das Rad der Wiedergeburten. Hier kann noch einiges verstärkend hinzukommen. Etwa die Begrüßung einer solchen Person im Traum mit dem Erstaunen: „Wieso sind Sie schon wieder hier?" oder die markante Zeiterwähnung von „7 Jahren". Nach Rudolf

Steiner ist 7 die Zahl der Zeit. Vielfach meint der Abschnitt der 7 Jahre, dass eine Epoche, Etappe beendet, vollendet ist; ein Inhalt ist abgerundet, abgehandelt, und es beginnt etwas Neues, eine ganz andere Entwicklung. Man denke an 7x7 Verzeihen, an 7x7=49 Tage im Tibetischen Totenbuch zwischen 2 Inkarnationen, an 7 Schöpfungstage u.v.a.m. Diese „Sieben" ist ein Symbol und meint etwa: elementar Pause/ Einschnitt und danach etwas ganz anderes. Wenn also diese Art von beruflicher Auszeit 7 Jahre dauert, spricht das für einen Reinkarnationstraum, genauer für einen Vor-Inkarnations-Traum. Anders ausgedrückt: die Zeit zwischen zwei Erdenleben kann durchaus im Traum gezeigt werden.

4. Am Faszinierendsten mag sein, dass manche Träume über Verstorbene tatsächlich die Information enthalten, dass die Toten sofort (!) wieder in einem neuen Leben, Bereich sind, in kompletten anderen Familien, auch Berufen, Verhaltensweisen, ohne menschlich gedachte Pause oder Zwischenzeit. – Unser Zeitbegriff kann nicht fassen, was sich sub specie aeternitatis, d.h. auf der Hintergrundleinwand der Ewigkeit abspielt. Wenn einer nach dem Tod irgendwo neu inkarniert, was allein schon eine interessante Traumaussage ist, hat er dort schon, nicht hier, eine Geschichte hinter sich, so wird es in einigen Träumen (die unabhängig von einander sind) über nahestehende, kürzlich Verstorbene gezeigt. Als würde der gerade Dahingeschiedene nicht neu anfangen, sondern schon mittendrin in einem sozialen Geflecht sein.

16. Die Grafik der Buchstaben und Zahlen

Der Mensch erfasst Ereignisse, Szenen, Dinge mit mehreren Sinnen zugleich. Hat eine Schrift oder ein Vorgang einen – abstrakten – Informationsgehalt, so reagieren die Sinne auch, so, dass z.B. geprüft wird: Riecht das gut? Ist das positiv oder negativ für mich? Hat es schöne anregende Farben oder ist es langweilig? Welche Assoziation ruft die Optik der Szene hervor? Gerade Traum und Unbewusstes registrieren die Bild- und Gefühls-Zusatzinformationen stark. Z.B. ruft der Buchstabe X, neben seiner logischen Bedeutung, die Anmutung einer Versperrung, eines Hindernisses hervor; als Optik, Graph bedeutet x Absperrung. Dagegen assoziiert O mit der Null (a) sowie mit einem offenen Loch, mit Empfänglichkeit, Umfassung, ggf. mit der weiblichen Vagina (b). Deshalb heißt auch ein entsprechender Erotik-Roman „Die Geschichte der O", und nicht: die Geschichte der X. Das A löst Aversion, Aggression und das Stehen eines starken, singulären Ichs aus, wie etwa Kafkas Figur „Amalia" in seinem Schloß-Roman.

Man kann auch an dies erinnern: nomen est omen = d.h. der Namen ist sprechend – das gilt für den Traum und z.B. für die Assoziationen der Kinder. In der Realität hat der Herr „Wagenknecht" mit altem Wagen und Knecht-Sein nichts mehr zu tun, und die Frau „Römer" nichts mehr mit den Römern; die Schulkinder verbinden aber solches.

Grafik und Optik sind also wichtig, ein Bild/Symbol, eine Struktur erzeugen Gefühlsqualitäten im Unbewussten. Wenn z.B. ein „Labor“ im Traum eine Vorsilbe hat mit x und vielleicht als Xi- oder „Xylabor“ auftaucht, dann ist vermutlich oder vielleicht dieses Labor versperrt oder hinderlich.

Schauen wir uns weiter ein paar Buchstaben als Beispiele an: Das B, auch in Varianten, etwa als Belgien, hat die Mit-Anmutung, quasi als optische, grafische Form, der weiblichen Brust. Wörter, Orte, die im Traum mit M beginnen, können auf Mama verweisen. Das H stellt unbewusst ein stehendes coitierendes Paar dar und bedeutet deshalb oft die Potenz des Mannes, seine Männlichkeit. Dahin gehört auch P, wozu man Penis, Phallus vergleichen kann. Ein I, i ist ebenso wie die Zahl 1: ein Ich. K als Kappa, Rune oder Hieroglyphe oder Menschenhaltung meint Kraft, Stärke (auch Potenz – wie ähnlich der Halbedelstein Achat). S meint auch Serpentine, Schraubengewinde bzw.: sich hineinschraubend fortbewegen, sich eindrehen in etwas (das ist die effektivste Form des Eindringens). T assoziiert zu dem Tau-Kreuz (vgl. Tarot, Christus, Lebensbaum). U ist (oben) offen gegenüber etwas. Y ist auch eine heilige Priesterhaltung, d.h. mit erhobenen, ausgebreiteten Armen meint es z.B. große Empfänglichkeit gegenüber Gott, aber auch demütige Passivität, Akzeptanz. Z wiederum assoziiert zu Durchgestrichenem (Form der Sperre). A und Z stehen auch für Anfang und Ende, also für das Gesamte, wie griechisch Alpha und Omega.

Die optische Grafik der 1 kann also eine Ich-Persönlichkeit meinen, gerne auch in Zehnerzahlen: 16 etwa wäre so 1/Ich plus 6 (manchmal Sex). Die 4 ist als Form kantig-aversiv. 6 und

9 assoziieren zum schwangeren Bauch. Die 8 hat optisch zwei gleiche Elemente, so kann sie zwei korrespondierende Hälften einer Sache ausdrücken, etwa zwei Karmateile. Die 15 meint eine Person, nämlich die 1, plus Männliches, das ist die 5; ergo bedeutet 15 oft: Knabe, Junge, Sohn.

17. Tiere im Traum

Wie jeder weiß, hat der Mensch Tier-Vorstufen in sich. Das sind Evolutionsstufen, auf denen der Mensch als Spätprodukt fußt, denen er Fähigkeiten verdankt. Diese Tierelemente entsprechen Charakterteilen, d.h. tierischen oder tierähnlichen Verhaltensweisen. Wir kennen das, wenn der Mensch zum Raubtier wird oder zur Schmusekatze oder zum Opferlamm oder zum Schwein im Betragen usw. Es geht um psychische Charakterteile, die ihr Pendant in der menschlichen Genese haben, auch noch sozusagen in Körperteilen, Charakterteile, die überwachsen sind, die aber nicht gelöscht sind und immer, manchmal zum Schrecken, an die Oberfläche kommen können.

Im Traum bedeuten Tiere:
erstens die o.g. tierähnlichen Verhaltensweisen,
zweitens körperliche Frühstufen von uns (Erinnerungen an diese Zeit), z.B. als Baby, wo wir uns nur wie Vierfüßler bewegen konnten und nicht sprechen konnten, wo wir also tieraffin waren,

drittens tatsächlich Wesen aus der Tierwelt,
viertens Stellvertreter für Menschen; zum letzten Fall diese Beispiele: ein Hund/Wolf vertritt einen männlichen Menschen, eine Katze eher einen weiblichen Menschen, ein Schwein in Indianerträumen einen Fremden mit Schweinscharakter, der morgen ins Dorf kommt.

Unzählbar sind die Vergleiche, nicht zu Unrecht, wo per Tier Menschen beschrieben werden: du Schwein, du Esel, du Schaf, du Bock, du Trampeltier. Genauso arbeiten der Traum, das Unbewusste. Da gibt es auch Phantasien, z.B. das weise sich versteckende Erdmännchen, der trollartige Seelenführer, das Rat gebende seltsame Tier (im Märchen wie im Traum) oder der Schweinehund, der einen gierigen, egosüchtigen Menschen bezeichnet, oder das Einhorn, was ein nicht leicht zu fangendes Mädchen meint. Solche Wesen existieren echt oder quasi echt im Traum, wie in der Mythologie. Der Kentaur, Pferdemensch, ist ein von zuviel Weiblichkeit und Sex und Gier dominierter Mann (seine Mutter war ein „Pferd", er ist pferd-abhängig); im positiven Sinne ist er ein Philosoph oder Dichter, durch sehr starken Muttereinfluss. Und wenn er, als Literat, mit besonders viel Geist und Spiritualität ausgestattet ist, kann er fliegen und entspricht dann etwa dem Pegasus in der Mythologie. Auch Drachen, so unwirklich sie sein mögen, kommen echt im Traum vor, sie sind im Unbewussten real vorhandene Archetypen für das Böse. Also die Märchen- und Mythentiere sind im Traum keine Art Einbildung – im Gegenteil, sie informieren außerordentlich gut, sie sind präzise Informationen.

In der Schwangerschaftszeit macht der Mensch die ganze Evolution auf die Schnelle (akzelleriert) durch. Er beginnt beim Einzeller, dann beim Mehrzeller, ist Fisch, Kaulquappe und Frosch, durchläuft das Stadium des Raubtiers (einen Monat vor der Geburt hat der Fötus ein Fell) und hat bei der Geburt einen hohen ‚Tierstandard' erreicht, den eines vierfüßigen „Säuge"-Tiers. Wassertiere symbolisieren im Traum bevorzugt den Aufenthalt im Uterus, wo man nämlich schwimmt – auch schwebt, weshalb ebenso Vögelchen die Seelen im Mutterbauch bezeichnen können. Ergo: Delphin, Frosch, Wal, Meeresschildkröte, alle Arten von Fischen und ähnliches mehr können sehr direkt eine Uteruserfahrung darstellen.

Die Babyzeit bis zum aufrechten Gang und bis zur Sprechfähigkeit wird in der Symbolik durch folgende Tiere bezeichnet bzw. erinnert: Kaninchen, Kätzchen, Welpen, Bärchen (man denke an die außerordentlich große Bedeutung des „Teddybären" in der Kinderkultur), Meerschweinchen, Hamster und ähnliche Kuschel- und Kleintiere, möglichst weich, weiß, putzig, rosa etc. Jeder Vierfüßler kann eine Assoziation zum Krabbelalter wecken.

Wir finden in den Religionen außerordentlich viele vergottete Tiere. Gemeint sind große Natur-, Kosmoskräfte, die zum Erstaunen anregen, an denen man teilhaben will, die man verehrt/anbetet. Fähigkeiten und Eigenschaften werden hier vergottet, nicht eigentlich die Tiere. Man hält solche erstaunlichen Kräfte, in Ehrfurcht, für göttlich: Weisheit/Sehen (Falke),

Potenz (Stier), Fruchtbarkeit (Kuh, Kälber), Frieden/Lieblichkeit/Geist (Taube), List (Fuchs), Kraft (Bär), Wiedergeburt/Sex (Schlange), Kontakt zum Jenseits (Vogel). Die Tiere sind vergöttlicht, nur weil sie Träger besonders betonter, einseitiger Eigenschaften sind. Im Sinne eines auch rücksichtslosen Überlebenstriebes wollte man sich solche vitalitäts-strotzenden Eigenschaften zu eigen machen oder die Träger/Verleiher dieser Kräfte wenigstens günstig stimmen. Ergo betete man ein solches Tier an. Ihre mystische Ausstrahlung haben diese Tiergötter im Traum behalten.

18. Metalle

Wir beschränken uns hier auf die gängigsten Metalle und solche, die häufig im Traum vorkommen. Nämlich auf Gold, Silber, Kupfer, Eisen. Das sind archetypische Metalle, zu denen man Assoziationen auch am ehesten in der Historie oder Mythologie finden kann.

Es fällt schon auf, dass die genannten Metalle berühmte Brüder in der Astrologie haben. Die alte Zuordnung zu Gold ist Sonne, zu Silber Mond, zu Kupfer Venus, zu Eisen Mars. Die (statistische) Archetypenerfahrung zeigt: diese Zuordnung ist tatsächlich stimmig.

Beginnen wir mit **Gold**. Ich erwähne nur kurz ein paar Motive, nämlich den hohen Goldhut (Tiara, Krone) der bronzezeitlichen Priesterkönige, Rembrandts Mann mit dem Goldhelm, die goldenen Haare im Märchen (Der Eisenhans), den sonnenähnlichen Glanz, die besonders edle Stabilität, die Farbe Goldgelb, die Rarität – will aber dennoch auf zu einfache Erklärungen verzichten. Die vielleicht überraschende Erfahrungsbedeutung von Gold ist: Himmel, Ewigkeit, Göttliches. Ein goldenes Objekt im Traum ist in der Regel nicht von dieser Welt, sondern ist vollkommen und unvergänglich, ist deutlich aus der geistigen Welt, hat einen soliden, ewigen Wert, viel höher als irgendetwas in der Materie. Golden ist im Traum ein spirituelles Phänomen – im Unterschied zum Irdischen. Ob es nun das Denken (Haare), der Charakter oder eine Person ist. Diese Bedeutung dürfte der Grund sein, warum es so begehrt ist, nicht weil es selten und teuer ist. Gold im Kontrast zu Blau bzw. auf Blau ist: ein Blick ins Jenseits. Weltlich meint Gold etwas außerordentlich Wertvolles, das ist sehr Geliebtes.

Silber hat die Bedeutung von Nicht-Gold. Es ist meistens im Traum etwas Nicht-Echtes bzw. ein Ersatz (in modernen Träumen tritt oft Plastik an die Stelle des Silbers = Imitation, schlechte Kopie, Lebloses). Im Unterschied zu Gold als belebender Spiritus kann Silber gerade das Nicht-Lebendige meinen. Ein Beispiel: das Grimmsche Märchen „Mädchen ohne Hände“; das Mädchen bekommt Ersatzstümpfe, Prothesen aus Silber – keine Lösung auf Dauer (am Ende erst gibt es wieder richtige Hände). Das Glänzende des Silbers jedoch kann auch eine hohe positive Bedeutung haben: Wert, Verstärkung im Sinne von Moral, Liebe, Konsistenz, d.h. Brillantes und “Glanz“. Die Affinität von Gold/Sonne zum Männlichen und Silber/

Mond zu Weiblichen ist nicht so häufig und zwingend, wie oft betont wird. Ähnlich wie Silber ist **Aluminium** zu verstehen: unlebendig, recht kühl, emotional kalt, eher ein Ersatzstoff.

Einseitig männlich ist **Eisen.** Das hat damit zu tun, dass im Unbewussten Aggression „männlich" ist (damit kann auch der Männlichkeitsteil, das Quasi-Testosteron oder der Animus einer Frau gemeint sein). Eisen gehört zum Mars, und das Marsische ist quasi das Männliche (auch in Frauen). Allgemeiner, übergreifender aber ist diese Deutung: Eisen ist Aversion, Kampf/Krieg gegen den Träumer, Widerstand, Lebensfeindliches, Hass – das Gegenteil von Liebe, Weichheit, Lebenskraft. Gefährliche, widerborstige Gegnerschaft, Unliebe, emotionale „Härte und Kälte", das ist Eisen.

Kupfer ist einfach zu deuten, wenn man die Geschichte der Aphrodite kennt. Aphrodite ist die griechische Venus, schaumgeboren (das hat mit göttlichem Sperma im Meer zu tun) ist sie bei der Insel Zypern, d.h. Kypros, wie es Boticelli malt. Kypros ist auch die Bezeichnung für Kupfer (was man auf Zypern früher fand). Kupfer gehört – und da fällt die Mythologie mit den Traumerfahrungen genau zusammen – zu Liebe, Sex, Frau, Erotik. Erhält ein Mann im Traum Wechselgeld in Kupfer von einer Frau, am besten noch von einer Verkäuferin (das ist von einer Geberin), bekommt er viel von Weiblichkeit, Liebe, Sexualität.

19. Territorialsymbolik

Himmelsrichtungen haben eine Bedeutung, sie sind besetzt mit unbewussten Assoziationen. Der Norden hat die Anmutung: Vater, Mann, Männlichkeit, Vernunft/Mathematik/Erkenntnis. Die männlich unbewusste Besetzung hat auch der Osten, allerdings negativer. Männliche Aggressoren, aversive Väter sind manchmal östlich angesiedelt. Süden und Westen sind eher weiblich. Der sonnige, warme Süden, etwa von Europa, aber auch ein sehr südlicher Kontinent, wie Afrika, stehen für Mama, Liebe, Eros, Emotion, Glücksgefühl oder entsprechende Sehnsucht. Man denke etwa an die verräterische Italiensehnsucht der Deutschen und Engländer oder an aktuelle südliche Urlaubsziele. Der Westen ist auch tendenziell weiblich, aber zum einen ein wenig mehr sex-betont (Symbol Frankreich), zum anderen umfasst der Westen, zumal als ferner Westen, die Göttin der Nacht, des Sonnenuntergangs (etwas wie ein Avalon oder Jenseitsreich). Also bezüglich der Elternerfahrung im Symbol, meinen Westen und Süden die Mutter, Osten und Norden den Vater, bzw. die Geliebte oder den Geliebten. Diese Symbolik gehört auch zu unseren inneren weiblichen und männlichen Seiten.

Die Sterbe- und Jenseitsrichtung ist Nordwest, in vielen Mythen, Bräuchen, etwa keltischer oder germanischer Art, erkennbar. Dort liegt die „Insel der Seligen“. Entsprechend ist Ost/Südost eher verbunden mit Geburt, Entstehung (vgl. lateinisch oriri, oriens, der Orient).

Hier kann man auch ansprechen die Symbolik von Meer und Berg. Hohe Berge stehen eher für Mann, Vater, ggf. auch für Gott und Erleuchtung, während das Meereswasser, und besonders die Situation mit Küste, Strand, Schiff, betont auf das Weibliche verweist.

Kumuliert, verbindet man Süden mit Westen, z.B. als Europäer per Westafrika, dann berührt oder wünscht man wohl eine ganz besondere Verstärkung von etwas wie Mama/Fruchtbarkeit/Göttin/Sex/weiblicher Emotio oder Sehnsucht. Dagegen sitzt ein unzuverlässiger Erzeuger oder ganz schwieriger Vater im Nordosten (so etwa bei Kafka, von Prag aus gesehen, im russischen nordöstlichen Petersburg). Wie immer ist auch die grafische, optische (vielleicht emotional primitive) Bedeutung eines Landes, wie sie etwa kartografisch dargestellt ist, zu beachten: so reden die Leute vom italienischen „Stiefel" oder von einem Meer-„Busen"; und wenn man so spricht, ist das nicht ohne Anmutung, der Traum arbeitet ähnlich, nimmt das auf.

Weitere Besonderheiten betreffen China und Japan. „Chinesisch" ist, jedenfalls in europäischen Träumen, ein Todes-, Todnähesymbol. Wenn ich erklären müsste, warum, würde das hier zuviel Platz füllen, oder aber es wäre auch die Erklärung unvollkommen; es dürfte mit der besonderen Fremdheit, Exotik zu tun haben. Es ist eben eine statistische Erfahrung in den Träumen und natürlich überhaupt nicht ethnisch gemeint; es hat mit keinem Vorurteil aus der Realität zu tun, es ist rein symbolisch. So gilt für „japanisch", dass emotionale und sexuelle Verklemmtheit gemeint ist oder auch nur sehr große Selbstbeherrschung in diesen Punkten und dass diese Art Über-Disziplin im Effekt homophil, schwul und lesbisch im Traum berühren kann, wenigstens latent. Auch dies ist nur symbolisch, kein realitätsbezogenes Vorurteil gegenüber Japan – könnte aber eventuell mit dem Eindruck zu tun haben, dass einem Europäer ein Japaner nicht gerade aufbrausend, sondern eher sehr selbstbeherrscht, vielleicht emotional etwas unterdrückt erscheint.

Wenn „Indien, Nepal, Himalaya, Tibet" oder Ähnliches im Traum auftauchen, geht es meist um hohe Spiritualität, große Erkenntnis, fast um Erleuchtung – jedenfalls ist das Geistige gemeint. Transzendenz pur ist bei diesen Ländern bzw. diesen Archetypen angesprochen.

20. Gestirne, Lichter

Im Unbewussten sind alle Formen von Sternen, Galaxien oder Planeten mit einem Leuchten verbunden. Auch in der Redewendung spricht man von den „Lichtern" am Firmament, oder Meister Eckhart nennt Gott den „Vater der Lichter" (optimaler Name). Licht, Elektrizität, Feuer stehen für Leben, für Prana, für den Odem Gottes, für Atman, d.h. für die Art von quasi-elektrischer Kraft, die alles beseelt, lebendig macht. Die Materie allein ist tot, wie etwa das Symbol Finsternis. Auch steht Licht für Geist, Erkenntnis, Erleuchtung. Das Unbeschreibbare in den Organismen, das sie lebendig macht, oder was man vor der Materiemanifestation war oder was Entitäten nach der materiellen Inkarnation sind, wird auch als ewige Seele bezeichnet. Und diese Seele wird bei allen Völkern mit dem Archetyp Stern verbunden. Ergo meinen Gestirne Hochspirituelles und Lebengebendes. Und so kommen sie auch zur Bedeutung Seele, vorgeburtliches Kind, Engel, Verstorbener, Götter. Im Ägyptischen heißt es, dass man im Tod „zur Seele wird", nicht zuletzt durch den Aufstieg in die Sternenwelt. Bei anderen Völkern herrscht eher die Vorstellung, dass die ewige (spirituelle) Seele sich vom Erdenkörper löst, etwa als „Vogel", und dann aber auch in das Sternenreich eingeht, woher sie gekommen. Da taucht also diese Vorstellung der Sternenreise auf: die Seelenreise als Aufstieg, spirituelle Entwicklung, Gottannäherung. Und der Abstieg ist: später wieder auf die Erde kommen (Wiedergeburt). Im Tod werden wir traumsymbolisch von Raumschiffen abgeholt, mit ihrer Hilfe kann man die Sterne leichter erreichen.

Sterne können so in Träumen gern eine Art Begleitung durch einen verstorbenen Sippschaftsangehörigen sein, z.B. Vater oder Mutter, im schützenden, helfenden Sinne, oder auch abstrahiert überhaupt als Schutzgeist, Schutzengel, als Fylgja, d.h. als Folge- oder Begleitseele. Je kosmisch ferner oder je leuchtender, umso größer ist der spirituelle, gottähnliche Zustand. Im Ägyptischen begegnet man nach dem Tod, auf der Reise, den Verstorbenen und wird wie sie, begegnet dann den Göttern und wird wie sie, zuletzt, ganz oben im Himmel, kommt man zu Osiris und verschmilzt mit ihm. Auch in der

Anthroposophie macht man nach dem Tod die planetarische Reise (zuerst kommt der Mond = der ist die alte Weisheit).

Als Fazit gilt, dass Gestirne symbolisch Seelen, spirituelle Personen sind, Geistern, Göttern, Engeln, vergeistigten Menschenseelen vergleichbar. Dieser himmlische Lebenszustand assoziiert zur Lichtenergie-Symbolik. Folglich hat ein Sterntalerkind viele Helfer im Himmel. Oder es empfiehlt Saint-Exupéry, in einem Stern den jeweils Verstorbenen zu sehen, der zuschaue. Oder es verleitet ein Meteorit zum himmlischen, zaubrischen Wünschen. Oder Sterne sind die richtige Richtung des Gebets. Oder es erscheinen Stammväter, Verstorbene im kosmischen Feuer oder werden wie Elias unversehrt ins Feuer geholt. Und so ist es logisch, wenn im Traum Tod gemeint ist, wenn ein Licht oder ein Stern verlischt, das ist der Energiezusammenbruch – wie auch die Sonne einmal auf diese Weise tot sein wird, ausgebrannt. Früh verstorbenen Kindern sagte man nach, dass sie sofort Engelchen würden – und zwar als Stern am Himmel.

Es ist nicht widersinnig, Galaxien als hochenergetische Lebewesen zu begreifen. Auch ist es nicht widersinnig, die geheime, unfassbare Energie und Subjektivität eines Planeten als Mars-artiges oder als Venus-artiges oder die Energie der Sonne als Sonnengott (sol invictus) zu bezeichnen.

Umgekehrt zum Sterben zeigt sich in Träumen über die eigene Zeugung (das Unbewusste weiß davon), dass Lichter/Sterne aufgehen, entzündet werden. Meist tatsächlich, wie biologisch, so, dass zwei Elemente sich berühren, zwei Bestandteile verschmelzen. Beispielsweise ein Mann schießt den Mond ab, trifft genau ins Ziel, die Mondscheibe sinkt zur Erde: er hat gerade gezeugt, das Weibliche voll getroffen, ob versehentlich oder nicht. Damit kommen wir zu der geschlechtlichen Bedeutung: In der Regel ist das Solare männlich, das Lunare weiblich. Das gilt aber nicht immer. Die Sternenkräfte sind eigentlich androgyn. Manche Sprachen haben das Maskuline des Mondes und das grammatisch Feminine der Sonne – nicht zu Unrecht. Selbst die Erde existiert maskulin und feminin, vgl. z.B. lateinisch terra und tellus oder den Njördr-Gott als Erde im Skandinavischen.

Für jemanden „die Sterne vom Himmel holen“ bedeutet eine ganz besondere Ausnahmesituation, ähnlich wie wenn Sonne oder Mond zur Erde sinken, oft geht es dabei um den Orgasmus. Tendenziell kann man beim „Sonnenkristall in Obeliskenform“ (Traumsymbol) vom männlichen Gott oder vom väterlichen Erzeuger ausgehen. Insgesamt gilt: die Gestirne stehen für den gesamten Inhalt von Himmel, Gott, Geist, Ewigkeit, für also diese andere Welt im spirituellen Sinne – für uns quasi als Geister oder Götter. „Gold“ steht für alles Himmlisch-Wertvolle, nicht für das Irdische/Vergängliche. Wenn das Nachtblau mit dem Licht der Sterne und dem Gold vermischt, kombiniert ist – ähnlich wie im Lapislazuli – haben wir eine echte Aufnahme des Himmels von innen, im Traum, für den das Jenseits besuchenden Träumer.

21. Die Träume der Kinder

Ob die Kinder ihre Träume erinnern und erzählen, hängt weitgehend vom Beispiel, Vorbild der Erwachsenen ab. Sofern es eine Traumkultur in der Familie gibt und die Eltern sich beispielsweise morgens die Träume erzählen, sind auch die Kinder animiert, einen Traum vorzutragen. Eine phantasievolle Ausschmückung im Wachzustand ist bei Kindern nicht einfach vom echten Trauminhalt zu trennen, da Fiktion und Realität bei ihnen, wie im Spiel, noch ein wenig durcheinander gehen. Gerade bei kleinen Kindern empfiehlt sich also eine gewisse Skepsis und Sorgfalt, wenn man den ungeschminkten Trauminhalt genau heraushören will. Zuweilen kann man sein Kind auch im Schlaf reden hören, wohl etwas häufiger als beim Erwachsenen, und so erfährt man original einige Traumpassagen. Die oben erwähnte Traumkultur führt indirekt dazu, dass auch das kleine Kind am Thema Traum interessiert ist und sich daher auch öfters an Träume erinnert. Nach meiner Erfahrung schließen die Kinder bei entsprechendem Vorbild oft und sehr direkt bei den Traumeinzelheiten, die sie erzählen, die Frage an: „Und was bedeutet das?" Und nach Kinderart wollen sie eine einzige, eine eindeutige und eine kurze Antwort. Der Traumdeuter wird also anders reagieren müssen als beim Erwachsenen. Und ggf., wenn die Antwort zu komplex oder das Kind überfordernd ist, einen Kommentar unterlassen. Oder er wird warten, dann gibt das Kind, schon mit 5 Jahren, nicht selten selbst die Antwort, nämlich so: Die Traummotive „kaputt, Feuer, Überschwemmung" bedeuten „Tod".

Nur selten können erwachsene oder ältere Menschen Träume aus ihrer Kinderzeit erinnern, erzählen. Aber diese Ausnahmen haben es in sich. Manchmal werden diese Träume bei der Berichterstattung so eingeleitet: „Dieser Traum war so klar. Diesen Traum vergesse ich nie..." Tatsächlich passt die markante Erinnerung zum markanten Inhalt. Denn Träume aus der Kinder- und frühen Jugendzeit haben manchmal das ganze Lebenskonzept in sich. D.h. sie enthalten sehr oft prognostische Entwürfe. Das ganze Leben, was folgt, über Jahrzehnte, spiegelt sich schon in diesen Träumen. Kinderträume enthalten also auffallend mehr Zukunft als Erwachsenenträume. Dieser Befund ist verifizierbar, nachzuweisen, wenn man z.B. 60 Jahre Biografie mit einem frühen Traum vergleichen kann. Ein konkreter Fall als Beispiel: Eine 60-jährige Frau berichtet einen Traum aus dem 11. Lebensjahr. In diesem Traum habe sie ihre Mutter getötet. Es ist zu vermuten, dass diese Frau kinderlos geblieben ist. Denn die Mutter außen zu töten entspricht dem Vorgang, innerlich die Mütterlichkeit bzw. die Mutterschaftsfähigkeit zu vernichten. Auf eine entsprechende Nachfrage antwortete die dem Deuter ganz fremde Frau, dass sie tatsächlich keine Kinder habe. Man könnte also kommentieren: dies schien mit 11 Jahren schon festzustehen bzw. wenigstens sich schon abzuzeichnen.

Erwähnenswert sind zwei typische Inhalte der Kinderträume. Nämlich erstens große Urtraumata der Vorfahren, als wären sie im kollektiven Unbewussten der Sippschaft vererbt. Und zweitens religiöse Inhalte. Zumal Kinder bis etwa 4 Jahren erzählen gern etwas über den Himmel oder die pränatale Zeit oder allgemein über den Sinn des Kosmos, meistens eher chiffriert, aber manchmal auch sehr direkt. Und zwar erzählen sie das bevorzugt vor dem Einschlafen, etwa in den Situationen, wenn sie ihre Schlafgeschichte vom Erwachsenen erhalten. Wer auf diese Worte seiner Kinder hört, erfährt viel über die Ewigkeit... Beispielweise, dass man nach dem Tod recht bald wieder inkarniert. Und so kann man auch im Traum sein Kind sprechen hören, dass das Leben immer weiter und weiter und weiter geht und dass der Tod eine falsche Vorstellung ist (Kette von Wiedergeburten). Und dass das Kind vor seiner Weltenzeit viel erlebt hat. Leider haben auch die Kinder viele Angst- und Albträume, manchmal als unerklärlicher Pavor nocturnus bezeichnet. Wie beim Erwachsenen sind Geburtsgeschehen oder Geburtstrauma oft Inhalt des Traums. Doch es gibt auch eine Reihe von Angstträumen, die aus Katastrophen und Unglücken der Vorfahren stammen. Daran muss man besonders denken, wenn man sonst keine Erklärung für das Schreckliche in Kinderträumen findet. So werden die Kriegserlebnisse der Ahnen durchaus in den Träumen kleiner Kinder dargestellt und wiederholt. Oder das Kind träumt etwas, was seine schwangere Mutter damals, in der Außenwelt, erlebt hat, als würde es dies selbst erleben.

Besonderheiten in der Symbolsprache der Kinderträume findet man erklärt, wenn man auf den Alltag der Kindersprache achtet. Um das Töten beispielsweise auszudrücken, verwenden Kinder viel häufiger als Erwachsene das Bild: „ins Feuer werfen". Auch „Überschwemmung" kommt oft vor. Da handelt es sich anscheinend um Archetypen, die in die Evolution weit zurückreichen, als würden sie zu Steinzeitmenschen besser passen als zum modernen Menschen. Mit „Feuer“ drohen Kinder auch im Spielen oft. Vergleichbar ist, dass Kinder auch alte rituelle Hüpfspiele nachmachen oder ritterzeitähnliche Auseinandersetzungen wiederholen oder an Dinosauriern ein großes Interesse haben. Das Kind trägt allgemein mehr an Früherem, an Tradition in seinem Unbewussten mit sich als später der Erwachsene. Seine Träume haben archaischere Inhalte. So wie auch der Kinder Verhalten und Sprache archaischer sind, wie man es vergleichsweise in den Märchen oder alten Epen findet. Vom Grundsatz her jedoch ist die Symbolsprache aller Menschen, also junger wie alter, gleich.

Zusammenfassend ist zu sagen, dass besonders Kinderträume objektive, unverstellte, intuitiv erahnte Informationen über die Außenwelt, etwa über Spielkameraden, und über das Unbewusste ihrer Eltern, u.a. auch über deren Geburtstraumata, enthalten. Diese Träume sind also ein wenig „objektiver“ als die Träume der Erwachsenen, welche letztere tendenziell mehr subjektstufig zu deuten sind. Und Kinderträume enthalten deutlich häufiger als die Träume der Erwachsenen Inhalte aus Vorstufen; diese Inhalte können wir zu einem Teil als Erlebnisse der Vorfahren oder als Ereignisse aus früheren Leben bezeichnen.

IV.

Unterschiedliche Traumtheorien

1. Sigmund Freuds Traumdeutung

S. Freud wurde 1856 in Freiberg/Mähren, in der damaligen österreichischen k.uk. Monarchie, geboren und starb 1939 in London, im Exil, mit Hilfe der Spritze eines befreundeten Arztes. Freud kämpfte lange mit einer Krebskrankheit, die er u. a. auf das Rauchen zurückführte. Es scheint, dass er im Leben nicht kokainlos geblieben ist. Die psychologische Schule, die er vertrat bzw. erfand, nennt man „Psychoanalyse". Seine große historische Leistung war, dass er die Bedeutung des Unbewussten entdeckte, in der Weise, dass das Unbewusste der eigentliche Motivator unserer Handlungen ist und dass die aufgesetzten, d.h. unsere üblichen sekundären logischen Begründungen zu vernachlässigen oder gar lügenhaft sind. Freud studierte Medizin in Wien, interessierte sich bald bevorzugt für seelische Erkrankungen ohne organischen Befund, auch für Hypnose. Er war psychotherapeutisch tätig, als Nervenarzt in der österreichischen Hauptstadt. Aus der Ehe mit Martha Bernays entsprangen 6 Kinder. Im Jahre 1900 erscheint eines seiner wichtigen Werke, die „Traumdeutung". 1902 wird Freud Professor für Neuropathologie an der Universität Wien. Seine Schriften befassen sich, so könnte man sagen, mit der Analyse von Seelen, und zwar mit Hilfe der Produktionen des Unbewussten, sowie mit weitreichenden kulturgeschichtlichen Fragen. Für seinen literarisch guten Stil erhält er 1930 den Goethepreis.

Letzteres mag ihm nicht zufällig begegnet sein, denn Goethes Dr. Faustus war das Lieblingswerk des Klassenbesten früher. Freud war der Erstgeborene und hatte die Vorstellung, Mutters unbestrittener Liebling zu sein. Die väterliche Familie war vor Jahrhunderten von Köln fern in den Osten gezogen und zuletzt in Mitteleuropa sesshaft geworden. Sigmund wuchs als Kind in einer deutschsprachigen jüdischen Gemeinde inmitten tschechischer Umgebung auf. Er fühlte sich von Darwin angezogen, war ein klassisches Kind seiner Zeit, insofern er im damals fortschrittlich gedachten Sinne Materialist war, weder an Gott noch an ein Weiterleben nach dem Tod glaubte. Später jedoch äußerte Freud brieflich, dass er, wenn er es noch mal entscheiden könnte, „Parapsychologie" statt Psychologie studieren würde, während er früher die „schwarze Schlammflut des Okkultismus" bekämpfte. Nicht umsonst spricht er unspirituell vom „psychischen Apparat" statt von der Seele, dies kennzeichnet aber auch den technisch-nüchternen Forscher. Vom Trieb, nicht von der Vernunft sei der Mensch motiviert, so dachte Freud, und das hatte seinen Berührungspunkt mit etwa Schopenhauers und Nietzsches Philosophie. Und Religion sei infantile Abhängigkeit von der Vaterfigur. Freud fühlte sich, bis zur Machtergreifung der Nationalsozialisten in Österreich, durchaus als Patriot Österreichs bzw. Österreich-Ungarns (so 1914).

Wichtige Themen von Freuds Lehre sind: Die Neurosenlehre, und in diesem Zusammenhang überhaupt die Umsetzung von seelischen Befindlichkeiten, von unbewussten Traumata in körperliche Symptome – der Ödipuskomplex – die Konfliktsituation zwischen Es und Überich, mit der beabsichtigten Stärkung des dazwischenliegenden, vermittelnden Ichs als Heilung – Theorien für Ängste und Zwangsverhalten – die Lehre vom Thanatostrieb, von der Aggression und vom Erostrieb – die Konflikte zwischen Realitäts- und Luststreben – die Verdrängungslehre – die starke Betonung der frühkindlichen Zeit als ursächlich für spätere seelische Probleme – die Traumlehre.

Für Sigmund Freud ist der Traum die „via regia", der königliche Weg, der bevorzugte Zugang zum Unbewussten. Dem stimmen viele zu. Sein Verständnis des Traumes hängt natürlich in hohem Maße davon ab, welche Theorie er überhaupt vom Psychischen hat, vom Bewussten wie vom Unbewussten. So schauen wir uns einmal seine allgemeine Seelenlehre an.

Demnach besteht die Seele aus dem Überich, dem Ich und dem Es. Das Überich entspricht dem Zeitgeist, der political correctness, den Lehren von Schule, Eltern und Medien. Es enthält Normen, Moralvorstellungen, Werte der Epoche oder des Elternhauses – und es orientiert sich am Realitätsprinzip (was ist, was kann, was darf sein). Entfernt ist es mit dem Weltbild, das man als Erwachsener sein eigen nennt, das aber durchgängig aus früheren fremden Quellen stammt, und mit der Ethik und dem Gewissen, auch diese weitgehend übernommen, identisch.

Das Es umfasst viel. Im übrigen sind sowohl das Überich als auch das Es „unbewusst". Das Es also enthält alle Triebe, das sind quasi biologische Naturkräfte, mit denen ein Lebewesen ohne sein Zutun versehen ist. Modern könnten wir sie auch als inhärente Programmierungen bezeichnen. Außerdem gibt es im Es alle Erinnerungen, und da gilt: nichts ist gelöscht, nur vorübergehend vergessen oder verdrängt. Bewusste Erinnerung beginnt etwa ab dem 3. Lebensjahr. Aber auch alles Frühere ist gespeichert und wirkt, und zwar je unbewusster und je früher, umso stärker. Die Abspeicherung ist systematisch nach Ähnlichkeitskernen und Assoziationsbrücken vor sich gegangen, soll heißen: alles was zu „Kuh" passt und alles was zu „Frau mit rotem Pullover" passt und alles was mit „Todesangst" zu tun hat und alles was zu „Turm" passt, ist jeweils zusammen abgespeichert, nicht ungeordnet. Außerdem befinden sich im Es alle Frustrationen, Traumata und Verdrängungen. Das Ich, der einzige „bewusste" Psychenteil, interagiert mit dem Jetzt und mit dem Du. Und es vermittelt zwischen den Ansprüchen des Überichs und des Es, die oft in großen Spannungen zueinander stehen. Ich-Stärkung ist in solchen Fällen ein Freudsches Therapieziel.

Zwei wichtige Aspekte zum Freudschen Seelenmodell sind noch diese: Aus der Lebensgeschichte und aus jedem Vortag sind unerledigte Reste übriggeblieben, z.B. Frust, Wut, Angst („Unbekanntes macht Angst"), Gier etc. Diese bilden

„unbewusste Wünsche“ auf dem Seelengrund. Sie nehmen jede Gelegenheit wahr, sich durch Übertragung auf aktuelle andere ähnliche Ereignisse zu lagern, um per Ersatzbefriedigung oder wenigstens per Symbolisierungszwang manifester zu werden und ihrer Erfüllung näher zu kommen. Ganz besonders gern tun die unbewussten Wünsche – energiereich sind sie – das im Traum oder per Traum. Die nächste wesentliche Frage sowohl für das Seelenverständnis wie für das Traumverständnis ist: Woraus mögen die unerledigten Wünsche bestehen? Eine schnelle Antwort, im Sinne Freuds, würde lauten: aus Sex, Aggression, Tod, Angst und Tabus. Dem kann man, mit Vorbehalt, zustimmen: viele Träume behandeln solches. Die Hauptantwort liegt aber in Freuds zentraler These: die sexuelle Libido bestimmt überlagernd alles. Freud hat sich die Frage gestellt: Gibt es eine einzige Motivation, die alle anderen Motivierungen zusammenfasst und färbt? Das ist die Faustische Frage nach der Ein- und der Ur-Causa. Dabei stieß Freud auf die Kundalini-Schlange namens Erostrieb. Den „Erostrieb“, nicht einen Leben oder Bios genannten Trieb, stellte er dem Todes-, Aggressions-, Destruktionstrieb, dem „Thanatostrieb“ gegenüber. Ob das einseitig, ungenau oder falsch war, oder ob es großen Sinn macht, können wir aus Raumgründen hier nicht näher entscheiden oder ventilieren. Die Konsequenz dieser Theorie jedoch ist groß, denn daraus ergibt sich logisch, dass die meisten Verdrängungen und Frustrationen und unbewussten Wünsche und eben besonders die Trauminhalte letztlich „sexueller“ Natur sind. Freuds Verdienst ist es, viele Neurosen, Ersatzaktivitäten, Lügen und Aggressionen, auch Kunst- wie Kulturleistungen mit sexuellen Problemen und Trieben in Verbindung zu bringen, sie dadurch zu erhellen. Aber man kann auch kritisch sagen (oder fragen), dass das Thema „Tod oder Leben", der Machttrieb oder der Hungertrieb, der Sinn, die Ziele, der starke Wille, das Ego oder gar eine höhere Aufgabe, oder auch das Lernen und die Liebe, vielleicht das Schicksal oder das Karma, eventuell sogar Gott möglicherweise doch dominierendere Lebensmotivationen als die Sexualität sind. Wenn Freud das allgemeingefasste Lustprinzip (als Egoprinzip etwa) als Hauptmotivation genannt hätte, hätte man leichter zustimmen können – aber er beharrte sehr eng und strikt auf der „sexuellen Libido", auf seiner Sexuallehre.

Die Traumquelle ergibt sich nach Freud nun so: Energiebesetztes Material aus der „Tagesarbeit" ist übriggeblieben. Es verbindet sich mit ähnlichen (manchmal auch irrtümlich ähnlich erscheinenden) alten unerledigten Themen. Schwerwiegende Wünsche drängen nun ins Bild, ins Symbol, in den Schlaf, in den Traum, z.B. Wut, Sex, Töten, Omnipotenzstreben. Per Übertragung auf das „rezente Material", vielleicht im Vorbewussten, sind sie schon etwas kaschiert. Bevor der Schläfer wach werden könnte und eventuell vor sich selbst erschrecken könnte, greift zusätzlich die „Zensur" ein: das Überich, das bestimmt, was sein darf, und dieses entstellt den Trauminhalt noch mehr. Nebenbei läuft, genial entdeckt, die Traumkomprimierung ab. D.h. ein neuerliches Ablehnungserlebnis z.B. ruft wach, holt hervor alle früheren, ähnlich erscheinenden Ablehnungserlebnisse, besonders die ersten. So werden zahlreiche verwandte Ereignisse auf einen Hauptnenner gebracht. Das Ergebnis ist, dass der große, echte, ggf. tabuisierte, der eigentliche und ungeschönte Wunsch nicht mehr zu erkennen ist. Das Kernthema, um das es geht, ist so bearbeitet, entstellt, verdrängt, verharmlost, zensiert, komprimiert und übertragen, dass nur noch irgendeine kuriose Fantasy-Geschichte als Traum übrigbleibt. Und niemand weiß nun, ob es um einen Fernsehfilm von gestern geht, ein Geräusch in der Nacht oder um ein Trauma im 3. Lebensjahr. Freud glaubte, dass diese Entstellung und Verschiebung z.T. im Sinne des Träumers bzw. Schläfers sei: der „Traum als Hüter des Schlafes" (Wahrheit würde Erschrecken, Aufwachen verursachen).

Neben der Einseitigkeit der Sexualtheorie kritisieren viele Forscher, dass insbesondere ein „Zensor" im Unbewussten oder Traum keineswegs nachzuweisen ist. Nun, die Freudsche Psychoanalyse generell ist ein Arbeitsmodell, letztlich eine Hypothese. Niemand weiß, was Seele genau ist, oder was Geist ist. Immerhin kann man mit der Freudschen Hypothese ganz gut arbeiten, es funktionieren manche theoretischen und therapeutischen Prozesse. Auch andere psychologische Schulen, ob Gesprächstherapie oder NLP oder Psychosynthese usw., sind nicht mehr als nur Arbeitshypothesen, in einigen Feldern sind sie wahrscheinliche Annahmen.

Zuletzt noch zur Freudschen Deutung eines Traumes. Die freie Assoziationskette ist die bevorzugte Methode. Der Klient liegt z.B. auf der Couch, der Therapeut fordert auf: „Was fällt Ihnen ein zu XY?". Das möglichst unbeeinflusste Assoziieren führt zu vielen Lebensereignissen, die zu den Traummotiven passen könnten. Sicherlich wird dann auch viel, wenigstens verschleiert, von Sex und Aggression die Rede sein, natürlich auch von frühkindlichen Traumata. Dadurch fühlt sich der Freudsche Therapeut inhaltlich in seiner Theorie bestätigt. So wird man Wichtiges im Unbewussten finden, für Heilungsziele vielleicht relevant – ob das aber gerade im aktuellen Traum darinnen war, ist nicht sicher. Der verborgene Trauminhalt wird also durch die Einfälle des Träumers, faktisch aber stark durch die Interpretation des Therapeuten zurückübersetzt. Aus dem „manifesten" Trauminhalt wird so der „latente" Trauminhalt retour-heraus-gearbeitet.

Zwei Resultate der Freudschen Traumdeutung gilt es besonders festzuhalten: Die Bedeutung eines Symbols erschließt sich angeblich oder theoretischerweise jeweils nur individuell nach der Assoziation des Träumers. D.h. die Traumbildersprache ist oder sei persönlich und subjektiv. Dass allgemeinübliche Archetypen im Unbewussten vorhanden sind, wird hier nicht gesehen. Und zweitens sind nach Freud alle Träume „Wunschträume", genauer Wunschanmeldungen mit Kompromiss (den Kompromiss erzwingt angeblich die Zensur). Das gilt auch für Angstträume – von denen man mit der Psychoanalyse tatsächlich einige als tabuisierte Wünsche deuten kann. Freud ist hier u.a. von seinem materialistischen Weltbild eingefangen. Wahrheitsträume, Zukunftsträume, Sippschaftsträume, pränatal begründete Träume, religiöse Träume gibt es nach seiner Theorie nicht. Besonders die ungeschminkten Ist-Aufnahmen (= Wahrheitsträume) sind faktisch jedoch sehr häufig. Bei aller Genialität, die man besonders wegen der Entdeckungen über die Prozesse und Mechanismen bei der „Traumarbeit" zu würdigen hat, ist die Freudsche Theorie hier fast tragisch eng und eingeschränkt.

In aller Kürze ausgesprochen, kann man vermuten, dass Freud sein Muttertrauma, das vor der Zeit seiner Erinnerungsfähigkeit lag, verdrängte und stattdessen auf das Sexualthema, sexuelle Wünsche und Traumata stieß. Das ist letztlich nicht verwunderlich, Sexualität wird sehr oft mit archaischer Liebessehnsucht und mit Ur-Liebeswünschen, auch mit dem Streben nach Leben oder Lebensqualität, überhaupt mit Beziehungsfragen, verwechselt – und ist auch tatsächlich eine Chiffre oder austauschbare Matrix für Uterus- und Geburts- und Brusterfahrungen (vgl. dazu z.B. Michael Odent: The Scientification of Love, 1999).

2. Carl Gustav Jungs Traumtheorie

Der Schweizer Carl Gustav Jung lebte von 1875 bis 1961. Eine Auswahl der beruflichen Tätigkeiten: Oberarzt an einer Psychiatrischen Klinik, Privatdozent, von 1935 bis 1943 Professor an der Eidgenössischen Technischen Hochschule Zürich, dann Professor für Medizinische Psychologie an der Universität Basel. Die Familie Jung stammt ursprünglich aus Mainz. Jungs Vater und ein Großvater waren Theologen. Schon recht jung war Carl Gustav auf erkennendem und spirituellem Weg, viel lesend, später außerordentlich vielseitig gebildet. 1902 promovierte Jung; 1903 heiratete er (5 Kinder). Ab 1907 gab es den persönlichen Kontakt mit Sigmund Freud; Jung war begeistert, Freud sah ihn als eine Art Kronprinzen an. Im Jahre 1913 aber trennten sich beide, als Männer/Charaktere und als Wissenschaftler; u.a. wollte Jung der Überbetonung der Sexualtheorie nicht folgen. Jung nennt nun seine psychologische Schule „Analytische Psychologie" (auch „Komplexe Psychologie"). Jung verband psychologische Erkenntnisse mit historischen, kulturellen, literarischen, esoterischen, heidnischen Erkenntnissen: „ohne Geschichte keine Psychologie", so sein Credo. In diesem Zusammenhang unternahm er große Reisen, nach Afrika, Amerika, Asien. Starke Berührung mit indischer und chinesischer Kultur/Religion. Viele internationale Ehrungen und Tätigkeiten. Intensive Untersuchungen mythologischer Themen. 1948: Gründung des C.G. Jung Instituts in Zürich. Wie Freud erhielt auch Jung einen Literaturpreis. Wegen der intensiven humanistischen, fremdsprachlichen, kulturgeografischen Bildung und entsprechender Begriffe ist Jung selbst aber nicht einfach zu lesen, besser beginnt man, ohne Latein- und Griechischkenntnisse, mit Büchern seiner Mitarbeiterinnen.

Wesentliche Inhalte der Jungschen Lehre wollen wir kurz zusammenfassen: Bewusstes und Unbewusstes stehen in kompensatorischem Verhältnis zueinander, das Unbewusste, meist weiser, korrigiert das Bewusstsein. Wir Menschen kommen psychisch nicht als leeres, unbeschriebenes Blatt auf die Welt, sondern es gibt Inhalte a priori, im kollektiven

Unbewussten, als Muster und Archetypen, die Symbolen vergleichbar sind, d.h. die Seele ist keinesfalls nur individuell. Die optimale Entwicklung eines Menschen sollte vom Ich zum Selbst gehen, das ist ein Weg der Individuation, der Verdrängtes, Unbewusstes, Inferiores integriert (eine Ganzwerdung). Der Schatten eines Menschen, in gleichgeschlechtlicher Gestalt auftauchend, sollte dabei als Projektion zurückgenommen werden. Der Mann hat ein weibliches Unbewusstes (Anima), die Frau ein männliches Unbewusstes (Animus). Märchen, Mythen, Traum, Literatur, Alchemie, Religion, Unbewusstes, Kunst arbeiten mit der gleichen Symbolsprache, und diese ist in der Welt und zu allen Zeiten, im weitgefassten Prinzip jedenfalls, gleich, also „kollektiv". Die Sprache des Unbewussten ist die Bildersprache. Zwischen Kausalität und blindem Zufall gibt es die Kategorie der „Synchronizität" (sie verrät eine geheime Ordnung hinter dem Chaos). Die Seele ist unsterblich, und in ihrer tiefsten Schicht findet sich das Göttliche (welches ein Archetyp des Selbst ist). „Das Bewusstsein trennt"; im tiefsten Unbewussten jedoch ist der Mensch noch „Einheit" (wie sozusagen vor der Schöpfung, Individualisierung, oder bei Mystikern). Jede Krankheit, auch die Neurose, ist ein „missglückter Heilungsversuch". Die Charakterkunde muss polar denken, d.h. der Angeber hat den größten Minderwertigkeitskomplex, oder der Aggressivste ist der Ängstlichste. Entwurzelungen und Traditionszerstörungen neurotisieren die Massen (auch ein Volk kann psychisch krank werden). Ist ein Tatbestand nicht bewusst, „ereignet er sich" nicht selten als Schicksal von außen. Die Menschen sind Instrumente des Schicksals.

Wie zur Einleitung der Freudschen Traumtheorie schauen wir uns auch bei C.G. Jung das grundsätzliche Seelenmodell zuerst an. Die Seele kann als Kugel aufgefaßt werden, auf der ein kleiner Oberflächenfleck das Bewusstsein (engl. mind, lat. mens) darstellt. Sehr groß ist der unbewusste Teil, der aus einem kleiner zu denkenden „persönlichen", jeweils individuellen Unbewussten und aus dem „kollektiven" Unbewussten besteht. Das Bewusstsein ist ein Spätprodukt (der Evolution), Leben funktioniert auch ohne es, es ist quasi vom Unbewussten kreiert und auch abhängig von ihm. Der Seelengrund ist, wie schon die Griechen sagten, „apeiron", d.i. unabgeschlossen/endlos. Im uferlosen, zaunlosen, offenen Ende der Seele berührt man sich mit allen anderen Seelen, d.h. mit den Tiefenschichten anderer Unbewusstseins. Hier herrschen „Einheit" und selbstverständlicher Kontakt, Austausch, hilfsweise zu bezeichnen als Telepathie, Komplexwanderungen, Übertragungen. In diesem Bereich kann die Mutter parallel träumen, dass es ihrer Tochter in einem fremden Land schlecht geht (oder ein solcher Traum setzt ein, wenn es der Tochter schlecht geht), oder der in der Ferne fallende Soldat verabschiedet sich im Traum von seiner Frau oder lässt die Uhr in deren Schlafzimmer stehen bleiben; hier finden auch Erleuchtungen und Visionen statt.

Das persönliche Unbewusste hat alle Erfahrungen des Individuums gespeichert, nicht nur ab der Geburt, sondern auch pränantale Erfahrungen. Die Inhalte des „Kollektiven Unbewussten" sind Denk-, Reaktions-, Fühlmuster, Anordnungssysteme, Erfahrungsgitter, Erlebnissummen, Grundtypen von Erkenntnissen in Symbolform, sind Kraftbilder, Traditionen, Psychostrukturen, Psycho-Patterns, die allen Lebewesen dieser Art gleich sind. Sie sind Erz-Typen, d.h. Archetypen (griechisch typos = Bild). Die Qualität selbst ist nicht mit dem greifbaren Archetyp zu verwechseln. Der ist nämlich die Form des Auftretens der Qualität. Aber dieser Unterschied ist hier vernachlässigbar. Er meint, dass die Qualitas „Mutter" nicht dasselbe ist wie ihr Auftreten als Kuh, Baum, Höhle, Großmutter etc. Jung hütete sich, die Archetypen als Erbe/Vererbung zu bezeichnen – doch weit davon entfernt sind sie nicht. Rupert Sheldrake würde die Archetypen als Informationen im „Gedächtnis der Art" bezeichnen, als Inhalte des „morphogenetischen Feldes". Sie mögen das Resümee darstellen von den millionenfachen gleichen Erfahrungen einer großen Zahl von Vorfahren. Sie sind Sippschafts-, Familienwissen, ja allgemeines Evolutionswissen, das tradiert oder unsichtbar telepathisch weitergegeben wird. Die Erklärung ist schwierig, jedenfalls im naturwissenschaftlichen Sinne. Doch die Tatsache, dass man mit diesen Vorinformationen auf die Welt kommt, ist ziemlich sicher oder gesichert. Vergleichbar sind diese psychischen unwillkürlichen kollektiven Fühl- und Verhaltensmuster den Instinkten in der Biologie, die körperlichen Reaktionsmustern, die ebenfalls vorgegeben sind, entsprechen. Es gibt eben sowohl mentale als auch somatische Urmuster, a priori. Nennen wir sie den Menschheitsbesitz aus der Evolutionsgeschichte. Man schreit auf die gleiche Weise, allen Menschen macht das Dunkle Angst, und alle reagieren auf das Kindschema oder auf lila Schokoladenpapier oder das „Gesicht" eines Autos gleich; das Muttergefühl oder die entsprechenden Mutter-Assoziationen sind enorm ähnlich bei den Menschen. So wie alle Vögel Nester bauen können und Katzen Mäuse fangen können, ohne (!) es von den Eltern gelernt zu haben, es ist „wie vererbt". Die Bilder, um diese Erfahrungs-Kristallisationsgitter auszudrücken, sind unter den Menschen gleich, d.h. diese Symbole sind „kollektiv". Ein wenig Wandel gibt es in diesem kollektiven, feststehenden Bereich allerdings auch, z.B. wenn „Zug" und „Auto" im Laufe der Zeit zu den alten Archetypen, wie Frosch oder Baum oder Feuer, hinzukommen. Diese Archetypen sind die Hauptsymbolsprache jedes Traumes und die wichtigste Übersetzungshilfe. Wer etwa alle Archetypen kennte, ob nun Taube oder Falke, könnte im Prinzip jeden Traum deuten.

Wie wird nun also ein Traum produziert oder konstruiert? Als Traumauslöser kommen Tagesereignisse, große Lebenslinien oder partielle Schicksalselemente in Frage, also Bedrängendes, das nach Bearbeitung ruft. Insbesondere gibt es einen Traumantrieb dann, wenn das Bewusstsein sich festgefahren hat, in Einseitigkeit, Verstiegenheit und unbedingt belehrt, „korrigiert" werden müsste, und zwar vom komplementären Unbewussten, das meistens klüger, objektiver ist und seiner Zeit (d.h. der Entwicklung des Egos) voraus ist. Ein Traumdeuter muss auf der Höhe, Intelligenzstufe des weiseren, fortgeschritteneren Unbewussten sein – was nicht einfach ist. Es empfiehlt sich, pietätvoll und demütig dem Traum zuzuhören, anstatt mit seiner Ratio Besserwisserei auszuleben. Nach Jung sind Träume ungeschminkte Wahrheits-, Bestandsaufnahmen, unmanipulierte „Natur" (und die Natur irrt nicht), die genau das meinen, was sie symbolisch sagen. Des weiteren sind nach Jung spirituelle und prognostische Träume möglich, sogar nicht selten. Aufgebaut seien sie oft ähnlich wie ein Drama, in 5 Akten. Traumauslöser und Traumquellen sind auch das Selbst, die Anima oder der Animus, der Schatten, das Religiöse, oder der Gemeingeist eines großen Kollektivs. Bevorzugt seien Träume „subjektstufig" zu deuten. Dies besonders beim Auftreten andersgeschlechtlicher Personen im Traum: jede Frau im Traum eines Mannes sollte dieser Mann, als Traumdeuter, auch so verstehen und bewerten, dass sie seine eigene weibliche Seite darstellt (Spiegelung), die eventuell unbewusst, verdrängt, vernachlässigt sein kann. Der traumproduzierende Teil der Seele kennt alle Archetypen, die ganze, weltumspannende Symbolsprache, ohne etwas davon in der Schule gelernt zu haben, und setzt sie genial sein. Der Träumer „weiß", was Einhorn und Pegasus und Orkan bedeuten, und wendet diese Archetypen in seinen Träumen an. Er kennt die vielfältige Allgemeinbedeutung von „Hund" (im „kollektiven" Unbewussten), verknüpft diese mit seinen persönlichen Erfahrungen von „Hund" (abgespeichert in seinem "individuellen" Unbewussten) und lässt einen entsprechenden (kombinierten) „Hund" im Traum auftreten. Am Ende ist nichts entstellt, zensiert (wie bei Freud), sondern völlig authentisch. Wenn er die Bildersprache kennt sowie allgemeinpsychologische Theorien von Jung berücksichtigt, kann der Traumdeuter seine Arbeit gut bewerkstelligen; d.h. auch, er glaubt an den Traum, hält diesen keineswegs für ein Chimäre oder Halluzination, wiegt und wägt ihn vielfach, respektvoll in seinen Händen ab. Am schwierigsten ist es dabei, bei einem Traummotiv den kollektiven archetypischen Inhalt von der persönlichen Erfahrung des Träumers zu trennen. Also es gilt auseinanderzudividieren: inwieweit ist z.B. „Hund“ hier = Seelenführer, Mann, Hüter der Schwelle, Intuition, Aggression, Geilheit, Treue (so das Kollektive), und inwieweit müssen dagegen die ggf. etwas alternativen Kindheitserlebnisse des Träumers mit „Hund“ bei der Deutung berücksichtigt werden. Diese Schwierigkeit zu meistern macht die Kunst der Jungschen Traumdeutung aus; und die zweite Schwierigkeit ist, die wichtigsten Archetypen auf der Welt zu kennen. Zum Letzteren war Jung befähigt, weil er wusste, welche Symbole verwendet werden im I Ging oder bei der Kunst des Goldmachens usw. – kurzum, weil er enorm viel Historisches, Kulturelles wusste und Vergleiche ziehen konnte, mehr noch, das unglaublich Übereinstimmende in der Welt, in der Geschichte, in den Seelen erkennen konnte. Diese Herunterzonung des „Individuellen“ zugunsten der Betonung des Wertes des „Kollektiven“ geht natürlich gegen die Eitelkeit des Menschen. Jung halfen bei seinem Archetypen- wie seinem Seelenverständnis seine breite Bildung und sein schon früh angelegtes Weltbild und seine allgemeine Seelen- und Menschentheorie und seine Intuition – oder vielleicht auch seine Genialität. Es war ihm klar, dass das Unbewusste numinos-weise sein kann, dass Träume auch manchmal göttliche Wahrheiten mitteilen, dass Erleuchtung und Visionen grundsätzlich möglich sind. Jung ist **der** Traumfachmann, er analysierte 80.000 Träume:

„Der Traum ist eine kleine verborgene Tür im Innersten und Intimsten der Seele, welche sich in jene kosmische Urnacht öffnet, die Seele war, als es noch längst kein Ichbewusstsein gab, und welche Seele sein wird, weit über das hinaus, was ein Ichbewusstsein je wird erreichen können. Denn alles Ichbewusstsein ist vereinzelt, erkennt einzelnes, indem es trennt und unterscheidet, und gesehen wird nur, was sich auf dieses Ich beziehen kann. Das Ichbewusstsein besteht aus lauter Einschränkungen, auch wenn es an die fernsten Sternennebel reicht. Alles Bewusstsein trennt; im Traume aber treten wir in den tieferen, allgemeineren, wahreren, ewigeren Menschen ein, der noch im Dämmer der anfänglichen Nacht steht, wo er noch das Ganze und das Ganze in ihm war, in der unterschiedslosen, aller Ichhaftigkeit baren Natur. Aus dieser allverbindenden Tiefe stammt der Traum, und sei er noch so kindisch, noch so grotesk, noch so unmoralisch." [9 : 40].[10)]

Eine der zentralen Methoden der Jungschen Traumdeutung ist die „Amplifikation". Jedes einzelne Traumsymbol wird amplifiziert, angereichert. Das bedeutet, dass in verwandten Produktionen des Unbewussten vergleichbare Bedeutungen für das Motiv gesucht werden. Zu Hund, Einhorn, Mond oder Apfel werden quasi die Mythen, Märchen, Religionen, Sagen, Literaturen durchforstet und die entsprechenden Bedeutungen oder Funktionen des Motivs bzw. Symbols zusammengetragen. Zu „Kuh" z.B. gibt es in vielen über die Welt verstreuten Mythologien ähnliche Bedeutungen und Verwendungen und Geschichten, und so stößt man bald auf die Mutterqualität im Archetyp „Kuh". Und so hat man dann ohne die Einfälle des Träumers eine schon wichtige Spur.

3. Artemidor

Wäre ich Grieche, so würde ich den schönen Begriff „oneirokritikon" für mein Traumbuch wählen, doch so überlassen wir die Bezeichnung dem antiken Traumbuch des Artemidor von Daldis. Die weisen Traumdeuter waren in Griechenland die „oneiro-sophoi", das hat etwas Philosophisches... Traumdeuter sind Weisheits-Liebhaber = „philo-sophoi", auch wenn der Eindruck besteht, sie seien in erster Linie Psychologen. Artemidor lebte in Ephesos, im 2. Jahrhundert n.Chr. Er hinterließ das einzige vollständig erhaltene antike Traumbuch, in dem rund 1400 Traummotive gedeutet sind. Er berücksichtigte die soziale und persönliche Situation des Träumers und unterschied in seiner Deutung, ob der Träumer ein Sklave oder Freier war oder gar ein Gefangener, und variierte entsprechend in der Auslegung. Sein Handwerk, könnte man modern sagen, verstand er durchaus wissenschaftlich, aber es sollte auch für Laien verständlich sein. Er dürfte seine Kunst längere Zeit (haupt-)beruflich in Ephesos ausgeübt haben. In der berühmten kleinasiatischen Stadt traf sich die ganze Kultur der damals bekannten Welt. Östliches, d.h. also auch viel an Wahrsagekunst, Mantik, stieß auf das westliche aufgeklärte Griechische, hinzu kamen Römisches, Jüdisches, Ägyptisches. Ephesos war eine Vielvölkerstadt, mit Ghetto- und Kriminalitätsproblemen, mit dem zentralen Artemis-Dienst, mit viel Sex, aber auch bereits nicht unchristlich, mit großer Weltoffenheit, Bildung, wie auch mit großer Dekadenz: ein Schmelztiegel. Das „Traumbuch", eigentlich fünf Bücher, war auch ein Vermächtnis an Artemidors Sohn.

Im ganzen Altertum, ob in Asien oder Europa, sowie im Mittelalter und später, ja fast bis zum 20. Jh., interessierten sich die Leute für die Traumdeutung aus folgenden zwei Gründen: Zukunft und Gesundheit. Selbsterfahrung oder die Erkenntnis des eigenen Unbewussten waren nicht die Ziele. Die Traumdeutung war also eine mantische, d.i. wahrsagerische, hellseherische Kunst. Die Methoden der Traumauslegung sind jedoch in allen Zeiten relativ gleich geblieben. Schon nach den Aussagen des Aristoteles (etwa ein halbes Jahrtausend vor Artemidor) war der beste Traumdeuter der, der „Ähnliches mit Ähnlichem vergleichen" konnte. Das sah auch Artemidor so: dass im Traum ein Gegenstand, Thema durch einen anderen, ähnlichen Gegenstand, bzw. ein Thema, stellvertretend dargestellt würde. Das entspricht auch der modernen Symbolkunde und der Freudschen Assoziationsmethode. Übrigens studierte und schätzte S. Freud Artemidor. Artemidors Ansatz: Gleichnisse, Allegorien, Bilder, Stellvertreter und Archetypen müssen per Analogiemethode und per Erfahrung und Intuition des Deuters (heutzutage auch unter Zuhilfenahme der Tiefenpsychologie) entschlüsselt werden – das ist Traumdeutung.

Wir bringen nun ein paar Beispiele der Traumsymbolauslegungen des antiken Kleinasiaten, dessen Name eine (vielleicht inhaltlich passende) Relevanz zur Göttin Artemis enthält. Manches sehen wir heute natürlich anders, manches aber ist erstaunlich aktuell und treffend. Den „Acker" verstand Artemidor so: „das Ackerland bedeutet ja nichts anderes als die Frau" [I 51 (die Angabe bedeutet: I. Buch des Artemidor, darin das 51. Symbol)] (hier kann man ergänzen: der Archetyp „Bauer" aus unserer Zeit, der Sämann, steht für Vater, Ehemann, Erzeuger). Der „Apfel" [I 37] bedeutet nach ihm „Liebesgenuss" oder auch „Geliebte, Frau", er wusste, dass der Apfel der Aphrodite heilig war, sic, und mit dieser erotischen Bedeutung lag er nicht falsch. Auch die Ambivalenz eines Symbols war ihm bekannt: mit Bezug auf die Göttin Eris (Streit) kannte er auch den „Zankapfel". Ein anderes Beispiel: „Der Falke bedeutet eine königliche und reiche Frau, die auf ihre Schönheit stolz ist, Klugheit und feine Umgangsformen besitzt"[II 20]. Der „Fuchs" [II 12] sei ähnlich wie ein Wolf zu verstehen, aber als Feind viel verborgener und tendenziell weiblich. Ein anderes Beispiel: „Ich kenne einen Sklaven, dem es träumte, er masturbiere seinen Herrn; er wurde Betreuer und Erzieher von dessen Kindern; denn er hatte das Glied seines Herrn, das dessen Kinder bezeichnet, in die Hand genommen." [I 78 ; S. 93] Die Analogie ist: das Zeugungsglied steht für Zeugen und Abkömmlinge. Artemidor wusste, dass das Glied des Mannes im Traum für dessen Sohn stehen kann. „Die Hochzeit gleicht dem Tod" [II 65] und der Tod der Hochzeit, „immer wird das eine durch das andere angezeigt". Tatsächlich sind diese beiden Hoch-Feiern oder Hoch-Zeiten im Traum austauschbar (das dritte vergleichbare Stellvertretende ist die Geburt). Oder: „Selene [der Mond] bedeutet die Gattin und die Mutter des Träumenden“ [II 36], auch das ist archetypisch bestätigt. “Das Meer in sanfter Bewegung und in ruhigem Wellenschlag zu schauen ...“ [II 23], sei ein sehr günstiges Vorzeichen, vergleichbar heutiger Deutung, dass es sich um ein positive Gemütsstimmung handelt, um eine ruhig-ausgeglichene, entspannte Emotion oder Seele oder Allgemeinsituation, die sich in der Wasseroberfläche kundtut. In der „Schlange“ [II 13] sah Artemidor „Krankheit und einen Feind“. Ein „Schlüssel“ [III 54] bedeute etwas verriegeln, verschließen (mehr denn öffnen). „Tauben bedeuten Frauen“ [II 20], nicht zuletzt, weil sie der Aphrodite (Venus) heilig seien; tatsächlich ist der Archetyp stark weiblich (weibliche Seele oder weiblicher Teil der göttlichen Trinität: sogenannter Heiliger Geist). Der Vergleich mit den Mythen hat immer Logik, heute wie damals, man kann daraus viel lernen, besonders als Traumdeuter. „Wespen sind von schlimmer Vorbedeutung“ [II 22], meinte Artemidor; auch sie sind tendenziell nicht unweiblich.

Genial ist Artemidors Erkenntnis über das Motiv „Zähne/Mundraum“, denn fast niemand in der Traumdeutungs- oder Symbolik-Literatur der Welt versteht oder schreibt, dass der Mundraum (a) einem genitalen, uteralen Raum (b) und einem Haus-, Familien-, Beziehungs-Raum (c) entspricht. Lediglich Wilhelm Stekel, ein Freud-Schüler, formulierte 1911, dass der Mund-, Kieferbereich Analogie und Ähnlichkeit zum genitalen Bereich hat, dass hier „oben“ (im Gesicht) dem „unten“

(Unterleib) entspricht (seine Symbolische Gleichung). Viele Träume belegen, dass Zähne Personen darstellen können, gern vorgeburtliche. Das ist der Hintergrund des überall verbreiteten Volksglaubens, dass Zahnverlust im Traum ein schlechtes Omen sei, d.h. dass dann bald jemand sterben könnte (typisches Großmutterwissen, auch schon in der Antike verbreitet); wobei in der Regel jedoch Zahnverlust harmloser nur Schwäche, Niederlage anzeigt. Bei Artemidor [I 31] heißt es dazu: „Man hat nämlich den Mund als ein Haus, die Zähne als die Menschen im Haus aufzufassen; dabei bezeichnen die der rechten Reihe Männer, die der linken Frauen [I 31].“ 11) Die Rechts-Links-Symbolik hat mehrere Aspekte, der von Artemidor erwähnte Männlich-Weiblich-Aspekt ist nur einer unter vielen. „Die oberen Zähne weisen auf Personen von höherem Range ... die unteren aber auf die von geringerem Stande“.12) Da man auf Zukunftsdeutung aus war, interpretierte man Zahnverlustträume nicht als momentane Kraftlosigkeit oder als vielleicht früheres Trauma, sondern als kommendes Malheur; und das ist heute noch verbreitet.

4. Der Asklepios-Kult

Asklepios, Sohn des Apollon, war der Gott, der zuständig war für die Ärzte, die Kranken, die somatische Medizin, die psychische Heilkunst, darunter die Inkubation, d.h. für den Heilschlaf und die Traumauslegung. In Epidauros und anderen Orten gab es Aklepios-Heiligtümer, seit dem 5. Jh. vor Chr., in denen ein spezieller Tempelschlaf, möglichst oder gerade mit Traum, gepflegt wurde. Ritual, Hoffnung, Idee und Geschäft waren: dass der Heilgott der Stätte im Traum das Heilmittel für eine Krankheit durchgab oder sogar noch während des Schlafes heilte. In einem einfachen Schlafraum, dem Abaton, neben dem Tempel, wurden die Patienten oder Pilger vom priesterlichen Personal eingestimmt und zum Heilschlaf angeleitet. Mit Glück trat der Gott (römisch Aesculap) im Traume auf, oft mit seinen Begleittieren Hund und Schlange, und bewirkte eine spontane Heilung oder machte Therapievorschläge. Es gibt schriftliche Berichte und Inschriften in Stein, die von dieser Art von Wunderheilungen, etwa in Epidauros, sprechen. Die Patienten hatten natürlich eine entsprechende, tiefreligiöse Einstellung, sie waren „gläubig" gegenüber einer möglichen Botschaft im Traum.

Ein Beispiel für den Zusammenhang von Traumerlebnissen und der Inkubationsmedizin als Heiltechnik:

„Arate von Lakonien, Wassersucht: Für diese schlief ihre Mutter [man konnte also auch einen stellvertretenden Pilger schicken], *während sie (selbst) in Lakedämon war, und sieht einen Traum: sie träumte, der Gott schneide ihrer Tochter den Kopf ab und hänge den Körper auf mit dem Hals nach unten; als viel Flüssigkeit ausgeflossen, habe er den Körper abgehängt und den Kopf wieder auf den Hals aufgesetzt. Nachdem sie diesen Traum gesehen, kehrte sie nach Lakedämon* [Lakedaimonien] *zurück und trifft ihre Tochter gesund; diese hatte denselben Traum gesehen."* [13)]

5. Die Bibel

Zum jüdischen Talmud: *„Der Talmud kennt drei Arten ‚erfüllbarer' Träume: Träume am frühen Morgen, kurz vor dem Erwachen; Träume, die ein Freund über einen träumt; und schließlich Träume, die in anderen Träumen ihre Deutung finden."* [14)]

Tatsächlich haben Botschaften über uns in den Träumen anderer Menschen, besonders von Freunden, Verwandten, erfahrungsgemäß einen sehr hohen Wahrheitsgehalt, einen objektiveren als in unseren eigenen Träumen. Im Talmud findet sich auch der vielfach zitierte Satz: *„Ein unverstandener Traum ist wie ein ungeöffneter Brief"* (Gottes). Auch heute noch ist ein nicht-gedeuteter Traum eine unbenutzte Kostbarkeit.

Obgleich das Jüdische auch oft gegen die Traumdeutung Stellung nimmt, weil sie mit Wahrsagerei gleich gesetzt wird, ist die Bibel, besonders das Alte Testament, voll von Träumen und ihren Auslegungen. Abraham wird von Jahwe durch Träume geführt. Berühmt ist Jakobs Traum mit der „Himmelsleiter", diese Leiter ist ein wunderbarer, klassischer Archetyp für die Verbindung zwischen Erde und Himmel, zwischen Materie und Geist, zwischen Unten und Oben, was ja oft genau das Charakteristikum von Träumen ist. 1 Mose 28, 12:

„Und ihm träumte, und siehe, eine Leiter stand auf Erden, die rührte mit der Spitze an den Himmel, und siehe, die Engel

Gottes stiegen daran auf und nieder. 13 Und der Herr stand oben darauf und sprach: ich bin der Herr, der Gott deines Vaters Abraham ...“

Am Ende unseres Lebens treffen wir oben auf unserer biografischen Leiter auf Gott, das findet sich so auch nicht selten in modernen Träumen.

Vielleicht die berühmtesten alten Traumdeuter sind Josef und Daniel, die beide durch ihre Kunst zu hohen Ämtern bei fremden Herrschern aufsteigen, was sie aber vor Gefährdung nicht schützt. Auffällig ist, dass sowohl das Deuten der Träume Sache Gottes ist, d.h. eine prophetische, von Gott geschenkte Gabe, als auch der Traum wiederum selbst als Wort Gottes aufgefaßt wird. Daher ist der Traumdeuter Daniel zugleich klassischer Prophet, mit apokalyptischer Prognostik. Die Pharao-Träume, die Josef deutet, sind ein gutes Beispiel für Kollektivträume, d.h. es wird allgemein von einem Häuptling, Anführer angenommen, dass seine Träume zur Zukunft seines Kollektivs Wichtiges aussagen. Dass in des Pharaos Traum „Kühe“ Jahre sind, hat zum einen damit zu tun, dass Kühe einen Bezug zur Nahrung und Ernährung haben, und zum anderen, dass „Maßangaben“ tatsächlich austauschbar sind, für einander stehen können (also cm für kg usw.). Daniel wird später Vorbild für mittelalterliche Traumbücher: ohne eine christlich legitimierte Autorität konnte man sich das Träumedeuten nicht leisten. Alle Großen des Alten Testaments – auch die Großen in der Odyssee – verfügen über außersinnliche Wahrnehmungsfähigkeiten, Traumdeutung ist nur eine unter ihnen. Im brain-storming energetisch zusammengeführt und gesteigert, kann Daniel mit Kollegen sogar einen vergessenen Traum des Herrschers erst einmal finden, erinnern, bevor er dann auch noch die Deutung herausfindet; das können eigentlich nur Götter, oder es gelingt, wenn Gott hilft. Später wird das von dem Medium Edgar Cayce berichtet, von dem amerikanischen „schlafenden Propheten", dass er vergessene Traumtexte rekonstruieren konnte, welche er dann als nächstes deutete. Im Neuen Testament, etwa in der Jesus-Geschichte, fungieren Träume meistens als „Zukunft" sowie wiederholt und betont als „Warnungen" Gottes.

6. Mohammed und das Träumen

Mohammed pflegte bezüglich seiner selbst und der ihm Nahestehenden die Traumdeutungskunst. Auch er, wie manche Vorbilder, ist als Prophet im Traum und per Traum berufen. Und auch er sollte „warnen", nämlich vor dem Endgericht. Im Laufe von 23 Jahren, in vielen Nächten und Träumen und Eingebungen überbrachte ihm der Erzengel Gabriel, der Offenbarungs- und Verkündigungsengel, den Inhalt des Korans. Dabei charakterisiert diesen einzigen Gott Allah eine außerordentliche Determination und Prädestination. Alles ist (bereits) „aufgeschrieben", sowohl der Koran im Himmel als auch die Biografien der einzelnen Menschen. Mohammed könnte man als Prototyp, Beispiel dafür nehmen, dass in jedem Menschen – was der Islam aus Alleinvertretungsansprüchen bestreitet – latent, im Traum oder im Unbewussten, oder wenigstens virtuell ein Prophet, Schamane, Medizinmann, Wahrsager innewohnt. Grundsätzlich kann jeder Mensch göttliche Botschaften bekommen, auch wenn die Priesterschaften in der ganzen Welt sich gegen so etwas sträuben – der Kronzeuge dafür ist Mohammed. Im Islam gilt Mohammed als „Siegel des Propheten“ oder als „Siegel Allahs“, d.h. als der höchste, letzte Prophet, und als der exklusiv gültige, als ein Sprachrohr Gottes in Einmaligkeit. Mohammeds Umgang mit Träumen hat Ähnlichkeiten mit anderen Überlieferungen des Nahen Ostens, entspricht seiner Zeit, Kultur, Region. Um die außersinnliche Wahrnehmung sowie eine hohe Spiritualität – man kann sagen: den Wunsch nach Gott und die Suche nach Gott – aus dem Unbewussten eines Menschen herauszupressen und manifest werden zu lassen, bedarf es in der Regel eines großen Leidensdrucks, im Persönlichen, in der Biografie. Das ist für Jesus und Buddha bekannt, und das traf auch für Mohammed zu, der früh Vollwaise war und später den Tod manches seiner Kinder beweinen musste. Mohammed ist vielleicht der größte Beweis in der Weltgeschichte dafür, dass man gerade im Medium Traum religiöse Botschaften in Vielzahl und Eindringlichkeit erhält.

Im Islam ist häufiger formuliert worden, dass nur Allah allein eigentlich existiert, dass nur im Jenseits wahres Leben ist, dass die vom Menschen aufgefasste und erlebte „Realität“ eine Schattenwelt ist, dass sie Getändel, Spiel und Traumwelt ist. „Die Menschen sind im Traum. Erst wenn sie sterben, erwachen sie.“ (Hadis). Im Koran steht auch, dass jedes Volk seinen eigenen Propheten hat, also kann es eigentlich keinen Alleinvertretungsanspruch geben.

7. Der Orient

Aus dem byzantinischen, ehemals oströmischen Reich sind einige interessante Traumbücher überliefert, z.T. auf Artemidor fußend, in Griechisch abgefaßt, lexikonartig gestaltet. Manchmal werden sie als die fünf „Volks-Traumbücher des byzantinischen Mittelalters“ zusammengefaßt und bezeichnet. Die Autoren mögen erfunden sein oder ein Pseudonym sein. Ein paar Beispiele aus dem Traumbuch des Astrampsychos:

„Der Anblick von Sternen ist für die Menschenkinder höchstes Glück.“[S. 9] – *„Lachst du im Traum, wirst du übler Laune sein.“*[S. 10] – *„Wenn du im Traum stirbst, wirst du sorgenfrei leben.“*[S. 11] – *„Perlen versinnbildlichen einen Tränenstrom.“*[S. 15]

Aus heutiger Sicht könnte man der Deutung dieser Archetypen, auch dem komplementären Charakter von Träumen, gut zustimmen.[15)]

In einer Handschrift des 15. Jh.s existiert „Das arabische Traumbuch des Ibn Sirin“ (entstanden vielleicht im 8. Jh.). Ein Traumdeuter soll danach u.a. so vorgehen: „Der Deuter muss das Gottesbuch kennen, die Prophetentradition beherrschen,

Fachmann auf dem Gebiet arabischer sprichwörtlicher Gleichnisse sein". Die Kapitel, mit ihren vielen Fall- und Symbolbeispielen, sind thematisch geordnet: z.B. nach Waffen, Vögeln, wilden Tieren, Wettererscheinungen oder Gottes-Schauungen. Ein paar Beispiele:

„Rabe ist mit Frevler zu interpretieren, denn der Prophet nannte ihn so."[S. 37] – *„Mäuse sind unanständige Frauen ... (Ehebrecherinnen)"*[S. 37] – *„Freude, Tanz und Lachen sind auch Trauer und Sorgen" .* [S. 39] – *„Fische in einer bekannten Anzahl sind Vermögen und Gewinn"* [S. 40] – *„Sieht man sich spucken, wird man Reden äußern, die andere vertreiben. Sieht man sich husten, wird man sich über jemanden beschweren.* [S. 88] [16)]

8. Das Mittelalter

Die spätmittelalterlichen deutschen „Traumbücher", in Handschriften und frühen Drucken überliefert (14.-16. Jh.), dienen der Aufdeckung der Zukunft, der Hilfe in Gesundheitsfragen oder auch der Schicksalsfindung (z.B. für Töchter, Söhne). Als Traum-Lunare erklären sie auch manchmal Träume nach dem Tag der Mondphase, an welchem der Traum geträumt wurde. Sie werden mehrheitlich den großen alttestamentlichen Traumdeutern Daniel und Joseph, ganz fiktiv und autoritätsgläubig, zugeschrieben, aus christlicher Angst und Legitimation, und heißen daher „Somniale Danielis" oder „Somniale Joseph". Meist ist die Struktur so, dass die

Traummotive, mit zugehöriger kurzer Deutung, alphabetisch angeordnet sind, ganz auf praktischen Gebrauch bezogen.
Vgl. dazu die Arbeiten von Nigel F. Palmer und Klaus Speckenbach.[17] Beispiele daraus, S. 130f.:

„Nasses weter daz ist ain zersterung." >> viel Wasser oder Nässe, Überschwemmung sind eine Zerstörung = ein schlechtes Zeichen, ein drohendes Unglück.
„Dem ist wie er nit mvg lofen daz bizehet siechtag" >> nicht weglaufen können = Krankheit.
„Dem ist wie er hohzit sech daz bizehet wainung" >> Hochzeit = Trauer, Schmerzen, Weinen.
„Dem ist wie im die zen vsfalleint daz ist im ain naher frvnd sterben will" >> Zahnverlust = Tod eines Nächsten.

9. Weisheit der Indianer

Für die Indianer ist ein Traum eine „Verpflichtung". Z.B. kann einem jungen Menschen seine späterer Erwerbsweise oder etwa die Medizinmanntätigkeit im Traum gezeigt werden, und er fühlt sich dazu dann verpflichtet, ist gebunden an die Erscheinung.

Smohalla: *„Ihr weißen Männer kennt nur die Arbeit. Ich will nicht, dass meine jungen Männer euch gleich werden. Menschen, die immer nur arbeiten, haben keine Zeit zum Träumen; und nur wer Zeit zum Träumen hat, findet Weisheit.*

Johnston Manitu: *„Zuletzt machte Manitu den Menschen. Obwohl er der letzte und von allen Wesen das hilfloseste war, empfing der Mensch die größte Gabe – die Fähigkeit, zu träumen.“*
Last Star: *„Wer Glück und Erfolg hat, muss von etwas geträumt haben. Nicht weil er ein guter Arbeiter ist, hat er Glück, sondern weil er geträumt hat.* 18)

„Sie [= die Irokesen; im Jahre 1649 berichtet] *glauben, dass außer den Wünschen, die wir im allgemeinen haben und die freiwillig in uns sind, unsere Seelen auch andere Wünsche kennen, die uns eingeboren, aber verhüllt sind. Diese Wünsche kommen aus den Tiefen der Seele ... Durch Träume, in denen die Seele zu uns spricht, werden uns diese Wünsche bekanntgegeben. Die Erfüllung dieser Wünsche befriedigt die Seele. Bleiben die Wünsche jedoch unerfüllt, dann wird die Seele böse ... Sie empört sich gegen den Körper und schickt zur Strafe verschiedene Krankheiten. Die geheimen Wünsche der Seele müssen erfüllt werden. Sie tun sich im Traum kund. Wer den Wunsch im Traum nicht versteht, der muss einen Deuter, einen erleuchteten Medizinmann fragen.“* 19) Hier haben wir die archetypischen Wünsche aus der vorgeburtlichen Zeit, auch die unbewussten, unerledigten Wünsche aus dem Bereich des Freudschen Es´ sowie den psychosomatischen Befund, dass erst die Psyche, dann der Körper krank wird ...

10. Hinduistische und buddhistische Traumdeutung

Über die Schöpfung sagt der Hinduismus: „Alles dies ist das Spiel (lila) des Herrn“, alles in der Welt ist also ein göttlicher Ludus. Aus dem kosmischen Geist sind geboren/entstanden die vier Patriarchen, die sieben Weisen und die Manus – von denen die Weltgeschöpfe stammen. Die vier Patriarchen oder Erstgeborenen sind des Herrn Gedanken oder Träume im Traumzustand: *„Die stoffliche [...] Welt [...] ist nicht mehr als Gottes Traumgegenstand. Warum erfahren wir sie dann nicht als solche? Weil der Traum noch im Gange ist, und wir alle Traumobjekte sind. Während der Traum fortschreitet, kann niemand den Träumer überzeugen, dass er träumt! [...] Nur mit dem Erwachen kann erkannt werden, dass der Traum ein Traum war. Der Kenner dieser Wahrheit [...] ist nicht mehr getäuscht, obwohl er beide Seiten sieht, den Traum und den seinen Traum träumenden Träumer!“* [20)]

Wir entnehmen diesen Gedanken, dass wir mangels Distanziertheit nicht genau wissen können, was Traum ist und was Realität ist und dass obendrein diese beiden Benennungen je nach Perspektive austauschbar sind. Auch als Europäer oder Westler wird man zugeben müssen, dass man innerhalb des Traums den Traum für sehr real hält, so real, wie die Realität des nächsten Tages ist. Und wir wissen letztlich nicht, ob wir beim Sterben aus einem Traum aufwachen oder die sogenannte Realität verlassen.

Die asiatischen Klassifizierungen des Traumes sind vielfältig. Es gibt in den Upanishaden vier Bewusstseinszustände, nämlich:

- ✦ Wachsein (Realität),
- ✦ Träumen plus Schlaf (Traumzustand),
- ✦ traumloser Tiefschlaf (Seligkeit), und viertens
- ✦ Turiya (eigenschaftslos), welcher Zustand die drei erstgenannten vereinigt. Dargestellt ist das u.a. in der (vierteiligen) Grafik der heiligen Silbe OM oder AUM. Die zwei erstgenannten Zustände werden meistens als Illusionsvarianten betrachtet.

Osho, ehemals Bhagwan Rajneesh, war seinerzeit, wie kritisch man ihn auch sehen mag, ein profunder Kenner des Hinduismus; er spricht genuin hinduistisch über folgende vier zentrale Zustände, die in Bezug zu den oben genannten vier Klassen zu sehen sind:

1. Wachzustand.
2. Schlaf mit Träumen, die die „Wahrheit" zeigen (da sei man in seinen Träumen „kein Heuchler"); diese Träume sind als Reaktionen auf das Wachleben zu verstehen.
3. Schlaf mit einigen wenigen Träumen, die als „Visionen" zu bezeichnen sind; diese Träume erleiden keine Beeinflussung durch die reale Welt.

Die Visionen werden von der 4. Stufe, dem Tiefschlaf ausgelöst. Der Tiefschlaf, gemeint ist der traumlose Schlaf (sushupti), entspricht dem Samadhi, d.i. der Erleuchtung, der höchsten Stufe des Bewusstseins. Das spirituelle Erwachen und der traumlose Tiefschlaf gelten als identisch; ein Unterschied besteht dabei nicht im Inhalt, sondern nur in den begleitenden Formen Schlafen und (reines) Bewusstsein bzw. Wachsein.

Oft werden die vier Stufen auch als drei Stufen beschrieben. So sagt Shankara, ein berühmter Vertreter der Advaita-Philosophie (Nicht-Zweiheit) und Ausleger der Veden und der Upanishaden (788-820):

„Der Traumzustand gehört vorwiegend zum feinstofflichen Körper. Im Traum schafft dieser seine eigene Materie und leuchtet mit seinem eigenen Licht. Das Denkorgan ist das Lagerhaus der vielen Eindrücke, die unsere Begierden im Wachzustand zurücklassen." [Ähnlich wie bei Sigmund Freud.] *„Im Traum identifiziert sich das Denkorgan mit dem Ich-Gedanken, und diese Eindrücke spielen darauf. Der Atman aber verharrt wie stets, jenseits von allem, in seinem eigenen selbstleuchtenden Bewusstsein. Im Traum ist das Denkorgan seine einzige Umhüllung. Der Atman schaut allem zu, aber er wird nicht im geringsten von den Traumerfahrungen befleckt."*[21] *Das Individuum habe* **drei Bewusstseinszustände**: *... „Zustand des Wachseins, des Traumes und des traumlosen Schlafes".*[22] Atman ist das ewige göttliche Selbst, absolut ohne Form oder Ich, ist der Geist, der alles beseelt, lebendig macht, ist völlig unpersönlich, unveränderlich, das Fünklein von Gott oder die Ewigkeit in jeder Schöpfung (vgl. Odem, Od, Atmung, Logos), das Lebensprinzip, das selbst keine Entwicklung mitmacht oder Form hat (bei Spinoza heißt es: deus sine natura).

Die hinduistischen Theorien kann man mit den Lehren Buddhas verknüpfen. Erinnern wir uns daran, dass Buddha primär ein Reformer des Hinduismus war und dass die inhaltlichen Grundzüge der beiden Religionen, d.h. die philosophischen Leitlinien, durchaus übereinstimmen.

Vielleicht interessanter und differenzierter, jedenfalls auch sehr verbreitet in Asien ist die siebenfache Unterteilung der Traumqualitäten. Danach besteht der Mensch aus sieben Elementen, Schichten:
physischer, ätherischer, astraler, mentaler, spiritueller, kosmischer, nirvanischer Körper.
Jeder dieser sogenannten Körper oder Stufen hat seine bzw. ihre eigene Art zu träumen. D.h. ein Traum hat Färbung, Inhalt und Wert je nachdem, welcher unserer 7 Bestandteile gerade im Traum/Schlaf aktiv ist, welcher der sieben sogenannten „Körper" den Traum produziert. Daraus ergeben sich also **sieben Traumsorten:**

1. Träume, die vom physischen Körper (z. B. seinem Wohlergehen) abhängig sind, die von ihm evoziert, erzeugt sind.
2. Träume aus dem Unbewussten, mit z.B. Reisen (Raumreisen) und Sonder-Erscheinungen, phantastischen Farben etc., etwa aus dem Verdrängten oder aus den Freudschen Wünschen.
3. Träume aus dem (Jungschen) kollektiven Unbewussten und aus früheren Leben, allgemein aus der Vergangenheit, aus der ganzen Evolution. Unsterblichkeit kann erkannt werden.
4. Träume des mentalen Körpers können sowohl in die Vergangenheit als auch in die Zukunft gerichtet sein. Alles fällt zusammen zu einem Jetzt. Die prognostischen Träume betref-

fen nur die träumende Person, nicht andere. Die vierte Stufe hat noch so gerade eben einen Realitätsbezug. Der Geist ist hier aber schon ganz frei, ungehindert schöpferisch, und er beobachtet zugleich.
5. Der fünfte Körper träumt die Schöpfungsmythen, kann mit Partnern parallel träumen, er enthält die gängigen religiösen Theoreme, er ist Ewigkeit, fern von Persönlichkeit und Zeit. Traum und Wirklichkeit sind eins, Dualität verschwindet.
6. In der sechsten Stufe ist man selbst Kosmos, bar einer jeden Unterscheidung; eine Individualität gibt es nun absolut nicht mehr; höchstes Brahma-Wissen liegt hier vor; es gibt immerhin noch etwas wie ein Sein oder ein positives Existieren. „Es gibt dich nicht mehr, es gibt keinen Träumer mehr." „Nicht du, sondern das Ganze träumt." Die Welt ist „ein Traum Brahmas" = d.h. Maya.
7. Im nirvanischen Körper und Traum fällt der Unterschied zwischen Sein und Nichtsein weg. Formlosigkeit, Symbollosigkeit, Nichts, Leere, Zentrum kennzeichnen ihn. „Es gibt keine Dinge, sondern nur noch Quelle." Auch als Samadhi zu bezeichnen. [vgl. oben: hier etwa haben wir den reinen Atman.] [23)]

Natürlich können sich Träume aus mehreren Stufen überlagern, vermischen; die reinen Formen sind eher selten.

Im tibetischen Buddhismus des Mittelalters gab es sechs Stufen der Erfahrung. Der dritte Zustand oder Pfad der Lehre und der Yogi-Entwicklung war das Träumen, das die zwei Illusionen der Realität und der Traumwelt erkennen ließ, das am Ende eine Art des bewussten Träumens war. Der Träumer setzte möglichst im Traum seine gottähnlichen Kräfte zur Schöpfung und Niederreißung aller Bilder und Phänomene ein – und wusste zugleich darum. Die vierte Stufe ist die Lehre vom reinen Licht, das eine Variante des träumenden Buddhas ist. Und wenn der Traum des Buddha (wie bei Brahmas Gedanken) zu Ende ist – gibt es keine Schöpfung mehr.

Ähnlich findet man in der hinduistischen Legende „Die Wasser des Nichtseins", dass die Schöpfung die Manifestation des träumenden Gottes ist, der in der „kosmischen Pause" zwischen zwei Schöpfungen auf diesen Wassern ruht und die kommende Realität vordenkt, vorträumt. Vom mentalen Vor-Konzeptionieren als Traum oder per Traum hängt also alles ab (vgl. auch die Anfangsbemerkungen des Kapitels).

Im Zwischenaufenthaltsraum nach dem Tod, im „Bardo" des „Tibetischen Totenbuchs", im Zustand zwischen zwei Inkarnationen also, den wir hier als fünfte Stufe bezeichnen können, sollte der Verstorbene erkennen, dass er im Jenseits ständig den Projektionen seines Geistes begegnet und nicht wirklichen Monstern, Engeln, Dämonen – was er jedoch leider glaubt. Die nachtodlichen Erlebnisse im 49 Tage dauernden Bardo muten also wie die Fortsetzung des Träumens an. Die Freiheit vom Rad der Wiedergeburt entscheidet sich hüben wie drüben an der Fähigkeit, alles als Selbstbegegnung, mentale Eigenproduktion, als eine Form der Illusion zu erkennen. Das Ziel des Meditierenden ist es, eigentlich alles, was existiert, was zu existieren scheint, als traumartig, d.h. damit auch als illusionär zu bezeichnen. Dazu helfen Übungen, Traumbilder bewusst zu verändern (einsteigen, anhalten, ins Gegenteil verkehren), Traum-, Buddha- oder Schöpfungsreiche zu erleben, aufzubauen und zu zerstören. Zuletzt soll die Welt ohne Traum berührt, gefunden werden.

Der „Bardo Thödol", die Appelle der Angehörigen an den Verstorbenen oder Sterbenden im Zwischenzustand, die "Lehre von der Befreiung durch Hören", mit anderen Worten das genannte Tibetische Totenbuch belehrt sowohl über den Traumzustand als auch über die Erfahrungen nach dem Tod, die zu vergleichen sind. Wenn man alle Traumbilder oder Begegnungen in der Geisterwelt als im Prinzip unrealistische eigenen Gedankenprodukte zu begreifen fähig ist, inkludiert das natürlich auch die Souveränität über Albträume und Ähnliches. Also Kontrolle über den Traum – das ist ein wesentliches Ziel eines Yogi, eines tibetischen Buddhisten.

In der Regel erreicht der Verstorbene nicht die höchste Erkenntnis, weshalb er wiedergeboren wird, nach 49 Tagen. Die weiße und die rote Essenz vereinigen sich, er sieht die Sexszene seiner Eltern, in der er entsteht, er geht wieder in den Mutterschoß ein, als zukünftiger Sohn mit Liebe zu seiner Mutter und Eifersucht gegenüber dem Vater [vergleiche den später angesetzten Ödipuskomplex Freuds], und zuletzt „fällt sein Bewusstsein in Ohnmacht". Das wird auch in der indischen Garbha-Upanishad gesagt: Der Mensch verfügt kurz vor der Geburt über das totale Wissen, zumal über das gesamte Karma, „vergisst" das aber bei der Geburt.

Nach Irenaeus von Lyon (Kirchenvater, 2. Jh.) sprach auch Platon vom „Becher des Vergessens“, den ein Daimon jedem Menschen bei der Geburt aufzwingt zu leeren. Nach Irenaeus hat Platon die Wiedergeburtslehre aus dem Osten in den Westen eingeführt. Wichtigerer Vertreter der griechischen Reinkarnationslehre ist aber Pythagoras.

Auch im Tod fahren wir über den „Fluss des Vergessens“, z.B. über die griechische Lethe. Psychologisch würden wir sagen: das kosmische Wissen, das kurz aufflackernde Allwissen rutscht bei der Geburt, und allgemein bei solchen Übergängen, z.B. beim Sterben, ins Unbewusste weg.

Der tibetische Yogi sucht eine solche Kontrolle/Bewusstheit über das Unbewusste und die Traumwelten, und sogar über die 49 Tage nach dem Tod, zu erreichen, dass er gegen das Vergessen die **Erinnerung** setzt, also z.B. sich auch vergangener Traumwelten bewusst erinnert. Das Optimum ist Buddhas Erinnerung an alle früheren Leben. (Das wurde auch von Pythagoras behauptet.) Alles was vollständig bewusst und erinnert ist, schmilzt in seiner Eigenrealität. Ist alles erkannt und desillusioniert, bleiben übrig: das Nichts, die Leere, das Nirwana, die Unzweiheit (Advaita, a-dvaita), die Veränderungslosigkeit (das ist die pure Seligkeit), der Atman. Das alles ist: ohne Schöpfung, ohne Gedanken, ohne Träume – die reinste Erleuchtung.

Als Nachsatz, etwas diesseitsbezogener, möchte ich hinzufügen: 1. Träume erinnern lässt belastende Inhalte schmelzen.

2. Im Traum kann man frühere Leben sehen. 3. Auch Erleuchtung kann man im Traum erleben. – Was im reinen Atman, nach Verlassen aller geträumten Welten, abläuft, kann aber letztlich niemand mehr beschreiben.

11. Abschlussbemerkung

Die regional und zeitlich verbreitetste Traumtheorie in der Welt ist, dass Träume über die Zukunft Auskunft geben, also der prognostische Ansatz.

Davon unabhängig, sollte die Theorie der Träume kurz beschrieben werden, könnte man dies sagen: Im Traum sieht man etwas, was zum rezenten Material gehört, allerdings sieht man von den Tagesereignissen das, was nicht manifest war, was nicht zu sehen und nicht bewusst war – d.h. man sieht das dazugehörige Unsichtbare, Latente, **Verborgene**. Des Nachts also sieht man z.B. den Inhalt eines am Tage verschlossen gebliebenen Briefes. Und um einen Seeleninhalt, d.h. irgendeine Information im Traum darzustellen, werden in extremer Weise **Stellvertreter** eingesetzt, das sind symbolische Ähnlichkeiten. (z.B. für die eigene Partnerin irgendeine andere Ehefrau; oder für eine Stadt ein assoziativ verknüpfbarer anderer Städtename). Nach diesen beiden Ansätzen (Unsichtbares und Stellvertretendes) kann man im Prinzip schon beginnen Träume zu deuten.

V.

Beispielträume gedeutet

1. Die Anima übernimmt das Steuer

Im diesem Kapitel sind die Träume relativ kurz gedeutet, d.h. eine aufwendige Beweisführung muss zugunsten des Fazits, der verschiedenen Ergebnisse zurücktreten.

Welche seelische Kraft steuert uns, welche Seite des Unbewussten, welcher Wille, welche Vorliebe oder auch welcher Dämon? Des weiteren stellt sich die Frage, ob ein Seelenanteil dauernd dominiert oder nur sporadisch. Vielleicht zeigt sich ja eine Seelenkraft nur ein einziges Mal im Traum. Von den Seelenteilen, die der Mensch hat, gibt es wenigstens zwei elementare: das Männliche und das Weibliche, welches letztere beim Mann als Anima bezeichnet wird. Entsprechend gilt der unbewusste Teil der Frau als Animus, also als eher männlich sowie in kompensatorischem Verhältnis zum hier weiblichen Bewusstsein stehend. Im Traum kann die Anima eines Mannes als Frau, Schwester, Mutter, Göttin oder als die große Unbekannte auftreten. Gern korrigiert sie das männliche Bewusstsein und lehrt. Wie im folgenden Traum eines Arztes:

Der Träumer sitzt in einer Art griechischen Rennwagens. Er fährt die große Straße hinunter, der Klinik zu, in der er Arzt ist. Plötz-

lich steht auf der kleinen Plattform seines Wagens ein herrlich schönes Mädchen, nimmt die Zügel der Pferde entschlossen auf und führt das Gefährt. Der Wagen fährt sehr schnell und hat nun die Kurve um die Klinik zu nehmen. Der Träumer macht die Lenkerin darauf aufmerksam, dass der Wagen stürzen könnte. Sie beugt das Haupt zurück und lacht ihn strahlend an. „Es ist schon gut!" So gelangen sie in herrlicher Fahrt auf den Hauptplatz der Stadt. [24)]

Der „Rennwagen" meint Freiheit, Lebendigkeit, Lust im Leben dieses Mannes. Zusammen mit „griechisch" ist etwas Archaisches, Urtümliches gemeint, was Nähe zum Eros, zum Früher (Antike) und zur Natürlichkeit hat. Dargestellt ist der übliche „Weg" hin zur (männlichen) Pflicht, zum täglichen Beruf und langweiligen Einerlei: das ist zur Klinik. Die Anima hat sich selbständig gemacht, anscheinend von allein und „plötzlich" hat sie die „Zügel" in der Hand und „führt", und zwar den Menschen, seine Biografie, seine Vitalität. Der Träumer, als Pflichtbewusster und Mann, bekommt Angst. Er denkt: Diese Alternative und Heftigkeit an Erleben bringt mich zu Fall. Aber das weibliche Unbewusste ist froh und sicher. Und sagt: Wir sind nun ein antiker Rennwagen; wie fühlst du dich dabei? Die Intuition spricht: Das macht Spaß hier und klappt wunderbar; diese Alternative ist „gut". Nun hat der Träumer und Mann seine Weiblichkeit – vielleicht ausnahmsweise einmal – integriert, jetzt fahren „sie" und bewegen sich im Leben zusammen. Und endlich gelangt der Mensch zu seiner eigenen Mitte, zum Zentrum, nicht nur der „Stadt", sondern seiner selbst. So „herrlich" und „strahlend" liefe es also ab, wenn der Arzt/

Mann einmal ausstiege, Pflicht und Beruf hinwürfe und sich von der inneren weiblichen Stimme treiben ließe. Die Alternative, die mögliche innere Herrin als „schönes Mädchen", als Gefühl, Lust, Liebe, auch als Spontaneität, Optimismus, Mut, Vertrauen in die Zukunft, hat im Traum die Führung übernommen, wahrscheinlich weil sie im praktischen Leben vernachlässigt wird. Der weibliche Seelenteil drängt also, meldet sich – er meldet sich in diesem Traum einmal an, und zeigt, was er bewirken könnte. Mit der Anima, nicht ohne sie, würde der Träumer zum genuinen „Hauptplatz" seiner Persönlichkeit kommen. Ein Stück Ganzheit klopft an, das schließt unbedingt die Hereinnahme des Weiblichen mit ein, fast sogar den beruflichen Ausstieg (ein Tabu). Der „Hauptplatz" ist als eigene Mitte ein anderes Ziel als die Klinik...

2. Sexueller Missbrauch

Der folgende Traum stammt von einer 70-jährigen Frau, die sehr früh missbraucht worden ist:

Ich habe ein Eichhörnchen im Schlafzimmer. Ein Mann sitzt auf meiner weinroten Tagesdecke und spielt mit dem Tier. Er hat mir ein kleines Buch geklaut und spielt damit. Ich überlege, ob ich das Eichhörnchen wohl zähmen und behalten kann. Ich würde mich aber ekeln, wenn es überall hinmacht. Doch 3 Tage habe ich es schon und noch nicht gefüttert. Deshalb hat es auch keine Verdauung.

Das Symbol „Eichhörnchen“ scheint schwer zu deuten. Doch manche Indizien führen uns auf die Spur, dass Sex gemeint ist, insbesondere das männliche Genitale. Und das stimmt mit dem Archetyp des Eichhörnchens überein, mag er auch nicht sehr bekannt sein. Der Mann „spielt“ hier mit seinem Penis, seinem Phallus. Die Tagesdecke, das Bett und besonders das Weinrote sind verdächtig – sie passen zur Erotik, in diesem Falle zum sexuellen Missbrauch. Das Mädchen/Kind weiß nicht genau, was der Mann da zwischen den Beinen hat, das kindliche Unbewusste meint ein lästiges (auch pelziges) Tierchen vor sich zu haben. – In anderen Missbrauchsträumen können sich „Puppen, Zwerge“ für den männlichen Phallus finden. – In einem „Schlafzimmer“ spielte es sich also ab. Das kleine Buch ist das Mädchenhafte, ist ein kleines Mädchen, aber genauer noch das kindlich-weibliche Genitale, deshalb kein großes, quasi erwachsenes, sondern ein „kleines“ Buch. Es trifft zu: der Mann hat dies sich einfach genommen, also „geklaut und spielt damit“. Der Ekel ist eine normale Reaktion des Kindes/Mädchens, wenn Eichhörnchen/Phallus ejakulieren, „wenn es überall hinmacht“. Auch die angesprochene Verdauung meint Ejakulation.

Die erwachsene Frau hat natürlich einen Konflikt, wenn sie so etwas träumt. Denn sie weiß, dass das Eichhörnchen auch für angenehmen Sex zu gebrauchen ist. Der Phallus ist ein Lustsymbol für sie, und ihr ist klar, dass der auch etwas erwartet, er möchte behandelt und „gefüttert“ werden. Die „Drei“ ist vermutlich hier die Zahl des Männlichen (oder ihr Ehemann wartete aktuell schon „3 Tage“ oder sonst etwas Ähnliches).

Die „Verdauung" wäre auch der normale Regelkreis, das naturgemäße Funktionieren des Penis/Phallus/Eichhörnchens. Das Kind in der Frau möchte aber das Tierchen vernachlässigen, strikt sogar. Doch es gibt Schuldgefühle, die Missachtung des Tierchens wäre grausam oder herzlos. Also ein Zusammensein mit Mann widerstreitet mit der alten Erinnerung an Ekel usw. Ein Kompromiss in diesem schweren Konflikt wäre: das Eichhörnchen „zähmen" und es als unaggressiv und nichtmissbrauchend „behalten", dabei etwas Distanz habend und es nicht so oft fütternd. Ob ihr Ehemann mit dieser Entschärfung, mit dieser Behandlung seines Eichhörnchens einverstanden wäre?

Wir haben hier ein typisches Ergebnis von Missbrauchsgeschehnissen: Die Sache wirkt ein Leben lang fort. Und es gibt für das Opfer ein ganz schwieriges Gemisch aus Ekel, Abwehr, Schuldgefühl, Sexinteresse - eine fast nicht zu entwirrende Gemengelage. Genau wie in dem Traum hier eine eindeutige Einstellung zu dem Eichhörnchen gerade nicht vorhanden ist...

Von der Träumerin gibt es ein Gedicht, zeitnah zum Traum verfasst, das lautet so:

„Eichhörnchen im Bett
Seltsamer Traum letzte Nacht
Schlaf lieber allein"
[19.10.2008]

Kein Kommentar, möchte ich dazu sagen. Das Gedicht illustriert den Konflikt mit dem Eichhörnchen im Bett deutlich genug: Soll ein missbrauchtes weibliches Wesen einen Mann mit ins Bett nehmen oder lieber allein schlafen?

3. Georg Heym: Prognostik und Paradies

Von dem früh verstorbenen Lyriker, berühmten Expressionisten Georg Heym stammt der folgende Traum:

2. Juli 1910: Ich stand an einem großen See, der ganz mit einer Art Steinplatten bedeckt war. Es schien mir eine Art gefrorenen Wassers zu sein. Manchmal sah es aus wie die Haut, die sich auf Milch zieht. Es gingen einige Menschen darüber hin, Leute mit Tragelasten oder Körben, die wohl zu einem Markt gehen mochten. Ich wagte einige Schritte, und die Platten hielten. Ich fühlte, dass sie sehr dünn waren. Wenn ich eine betrat, so schwankte sie hin und her. Ich war eine ganze Weile gegangen, da begegnete mir eine Frau, die meinte, ich solle umkehren, die Platten würden nun bald brüchig. Doch ich ging weiter. Plötzlich fühlte ich, dass die Platten unter mir schwanden, doch ich fiel nicht. Ich ging noch eine Weile auf dem Wasser weiter. Da kam mir der Gedanke, ich möchte fallen können. In diesem Augenblick versank ich auch schon in ein grünes, schlammiges, schlingpflanzenreiches Wasser. Doch ich gab mich nicht verloren, ich begann zu schwimmen. Wie durch ein Wunder rückte das ferne Land mir näher und näher. Mit wenigen Stößen landete ich in einer sandigen, sonnigen Bucht. [25)]

Wenn ich es vorwegnehme, muss ich gleich erzählen, dass der Träumer zwei Jahre nach diesem Traum starb, und zwar ertrank, in etwa der Weise, wie es im Traum geschildert ist (Eis brach). Offensichtlich gleicht das Szenario im Traum dem Untergang im Wasser. Vgl. Aristoteles: „Der beste Traumdeuter ist der, der Ähnliches mit Ähnlichem vergleichen kann". Auf die Frage, ob ein Ereignis im Traum vorausgesehen werden kann, muss man tatsächlich, als Ausnahme, manchmal, mit Ja antworten ... In der Regel wird der Zukunftsinhalt aber nicht verstanden (soll er wohl auch nicht). Doch im nachhinein ist es oft klar, unübersehbar.

Die „Steinplatten" sind die Eisplatten, aus „gefrorenem Wasser", über dem „See" (Fluss). Rahm auf der Milch kann ebenfalls mit Eis-Überschicht verglichen werden, zumal so weißlich. Man ging darüber, war geschäftig, hatte ein Ziel, den „Markt" = ein Erlebnisziel; so ist der Alltag, das Leben. Immerhin, das Unbewusste meldet sich: Gefahr; die Platten sind „dünn", der Träumer „schwankt" bereits. Nun kommt die Anima, die weise innere Frau, vielleicht ein weiblicher Engel, das intuitive Wissen und sagt: besser „umkehren". Typisch für Träume ist, dass vor dem Eintreten eines Ereignisses der „Gedanke" an dieses (als Möglichkeit) auftaucht. Ahnt der Mensch immer etwas?! Und dann folgt das Ertrinken als Todessymbol. D.h. wenn es ernst ist mit dem Tod – und nicht nur Angst oder Erinnerung ist –, dann stellen sich Schlamm, Morast, trüb

Matschiges mit ein. Hier haben wir es als „grünes, schlammiges, schlingpflanzenreiches Wasser" (Dunkelgrün ist manchmal eine Todesfarbe). – Klares Wasser ist dagegen Geist und Erkenntnis. – Dann kommt, wie in Nahtodberichten, in Todeserlebnissen üblich, der „Umschlag", hier als „Wunder". Statt „verloren" zu sein ist es möglich „zu schwimmen". Es ist das Wissen und Erlebnis: meine Existenz geht weiter; ich betrete eine neue Welt; es handelt sich nur um einen Übergang, um den Wechsel einer Dimension (incl. Wechsel von Landschaft und Mitmenschen). Das „ferne Land" kommt „näher und näher". Und schnell „landet" man wieder irgendwo, meistens nach Passage einer Wasser-Zwischenwelt. D.h. die Welten, die wir beim Tod wechseln – auch bei der Geburt – sind wie Insel und Festland oder wie zwei entfernt liegende Inseln. Das Jenseits ist die „Insel der Seligen" (ein klassischer Archetyp), das Paradies, ist eine „sandige, sonnige Bucht" als Ankommenspunkt, als neuer Halt. Dass man starb war eine Illusion. Das Ankommen drüben wird wie eine Geburt dargestellt: auf den Strand gespült werden, als käme man aus dem Uterusmeer. So ist das immer: das Leben kommt vom Wasser aufs Land. Und so wie bei Heym sieht sie aus, unsere Reise ins Paradies.

4. Franz Kafkas Muttertrauma

Wir sind es gewohnt, nach unzähligen wissenschaftlichen Beiträgen den Kern des psychischen Leidens von Kafka im Vatertrauma zu sehen. Auch er selbst hat dies vielfach angesprochen und den Forschern die Spur zu diesem Thema gelegt. Als Vatersymbol musste in der Interpretation auch der Kapitalismus, das Judentum, die österreichische Monarchie und anderes herhalten. Tragischerweise hat Franz Kafka die Abweisung durch seine Mutter übersehen, verdrängt, sich nicht bewusstmachen wollen. Von der Mutter kamen Desinteresse und Gefühllosigkeit, als hätte sie dieses Kind nicht gewollt, den Ehemann latent gehasst oder gar von einem anderen empfangen – oder wenigstens Hilflosigkeit kam. Der Vater scheint tatsächlich oberflächlich, eitel, dumm von sich eingenommen gewesen zu sein. Franz Kafka stand innerlich auf der Seite seiner Mutter, in der Partei des nicht-väterlichen Clans, was für einen Sohn Probleme bereitet, männlich zu werden. Vermutlich müssen wir ihn indirekt als homosexualitätsnah verstehen – auf jeden Fall sind Kafkas Frauenbeziehungen und Heterosexualitätsversuche kurios, unbeholfen oder unglaubwürdig, in der Dichtung (z.B. im „Schloß"-Roman) wie im Leben, oder sagen wir: eher traurig und tendenziell platonisch. Dies bereits lässt auf eine sehr desolate Mutterbeziehung schließen – in den Fakten, nicht in der geschönten Darstellung. Mütter sind die Erstgrundlage für den späteren Eros.

In Kafkas Träumen ist die Ablehnung durch Frauen – seien es Mütter, Freundinnen, junge Mädchen – eklatant häufig und stark zu finden. Diese Evidenz dürfte mit der Wahrheit seiner Muttererfahrung zusammenhängen, und diese können wir als trostlos und frustrierend erschließen. Das Unbewusste Kafkas, in den Träumen ersichtlich, unterstellte vielen gutmeinenden

Frauen Widerwillen, Ablehnen, Enttäuschen – die klassische „Projektion" einer schlechten Muttererfahrung. Seine Erwartungen gegenüber Frauen waren von Gefühlen und Erfahrungen der Zurückweisung erfüllt.

Zu Kafkas Seelenleben betrachten wir seinen Traum vom 1. August 1920, den er Milena Jesenska mitteilte:

Heute habe ich zum ersten Mal, glaube ich, seitdem ich in Prag bin, von Dir geträumt. Ein Traum gegen morgen, kurz und schwer, noch etwas vom Schlaf erwischt nach böser Nacht. Ich weiß wenig davon. Du warst in Prag, wir giengen durch die Ferdinandstraße, etwa gegenüber Vilimek, in der Richtung zum Quai, irgendwelche Bekannte von Dir giengen auf der anderen Seite vorüber, wir wendeten uns nach ihnen um, Du sprachst von ihnen, vielleicht war auch von Krasa die Rede [er ist nicht in Prag, das weiß ich, nach seiner Adresse werde ich mich erkundigen]. Du sprachst wie sonst, aber etwas nicht zu fassendes, nicht aufzuzeigendes von Abweisung war darin, ich erwähnte nichts davon, aber verfluchte mich, sprach damit nur den Fluch aus, der auf mir lag. Dann waren wir im Kaffeehaus, im Kaffee Union wahrscheinlich (es lag ja auf dem Weg, auch war es das Kaffeehaus von Reiners letztem Abend), ein Mann und ein Mädchen saßen an unserem Tisch, an die kann ich mich aber gar nicht erinnern, dann ein Mann, der Dostojewski sehr ähnlich sah, aber jung, tiefschwarz Bart und Haar, alles z.B. die Augenbrauen, die Wülste über den Augen ungemein stark. Dann warst Du da und ich. Nichts verriet Deine abweisende Art, aber die Abweisung war da. Dein Gesicht war – ich konnte von der quälenden Merkwür-

digkeit nicht wegschauen – gepudert, und zwar überdeutlich, ungeschickt, schlecht, es war wahrscheinlich auch heiß und so hatten sich ganze Puderzeichnungen auf Deinen Wangen gebildet, ich sehe sie noch vor mir. Immer wieder beugte ich mich vor um zu fragen, warum Du gepudert bist; wenn Du merktest, dass ich fragen wollte, fragtest Du entgegenkommend – die Abweisung war ja eben nicht zu merken – „Was willst Du?" Aber ich konnte nicht fragen, ich wagte es nicht, und dabei ahnte ich irgendwie dass dieses Gepudertsein eine Art Probe für mich war, eine ganz entscheidende Erprobung, dass ich eben fragen sollte und ich wollte es auch, aber wagte es nicht. So wälzte sich der traurige Traum über mich hin. Dabei quälte mich auch der Dostojewski-Mann. Er war in seinem Benehmen mir gegenüber ähnlich wie Du, aber doch ein wenig anders. Wenn ich ihn etwas fragte, war er sehr freundlich, teilnehmend, herübergebeugt, offenherzig, wußte ich aber nichts mehr zu fragen oder zu sagen – das geschah jeden Augenblick – zog er sich mit einem Ruck zurück, versank in ein Buch, wußte nichts mehr von der Welt und besonders von mir nicht, verschwand in seinem Bart und Haar. Ich weiß nicht, warum mir das unerträglich war, immer wieder – ich konnte nichts anders – musste ich ihn mit einer Frage zu mir herüberziehn und immer wieder verlor ich ihn durch meine Schuld. [26)]

Wir stoßen bald auf dies:

„... etwas nicht zu Fassendes, nicht Aufzuzeigendes von Abweisung war darin ...", und zwar in einer Frau. Kafka (als Kind) war es gewohnt, nicht darüber zu sprechen: „Ich erwähnte

nichts". Stattdessen „verfluchte" er sich selbst – schade, das ist eine typische Kindreaktion (Schuld-, Unwertigkeitskomplex). Im „Kaffeehaus", mit dem sprechenden Namen „Union", könnte sich Zuwendung, Beziehung, Erotik, Lust ergeben. Das Pärchen am Tisch verrät so etwas. Zum Paar Kafka und Milena heißt es aber leider: „Wieder verriet nichts Deine abweisende Art, aber die Abweisung war da." Die reale Milena wies Kafka nicht schroff zurück. Wo hat er also diese Erwartung, Unterstellung her? „Gesicht" ist Wahrheit, aber „gepudert" ist verstellt, ist unwahr, unecht, unnatürlich; geschönt nennt man das. So unecht muss man sich Kafkas Mutter vorstellen. Kafkas Drama bezüglich seiner Mutter war: die „Abweisung" war „nicht zu merken"! Was begehrte Franz nicht alles von seiner Mutter – doch er traute sich nicht, einen Wunsch zu äußern: „ich konnte nichts fragen, ich wagte es nicht".
Nun, der Dostojewski-Mann jetzt, Kafkas Vater-Typus oder -Stellvertreter, „war in seinem Benehmen mir gegenüber ähnlich wie du [wie die Mutter], aber doch ein wenig anders". Der Vater, interpretiere ich, „zog sich mit einem Ruck zurück", „verschwand". Der schien zwar zuzuhören, aber entzog sich oft spontan, ganz unverständlich für den Sohn. Das war „unerträglich" für Franz und provozierte ihn dazu, ständig am Vater zu zerren – was er sein ganzes Leben lang tat. "Ich konnte nicht anders – musste ihn ... zu mir herüberziehn". Auch hier gibt sich das Kind am Misserfolg selbst die „Schuld" – typisch für Kafka, auch für seine literarischen Helden, und typisch für Kinder.

Wir könnten sagen: So erfuhr Kafka bei beiden Eltern, ziemlich extrem, ein Abfuhr... Auf je andere Weise. Erschütternd war die Kindheit, und Unfähigkeit, Misslingen in Beziehungen war vorprogrammiert. Die Träume zu Felice Bauer und zu Milena zeigen, dass Kafkas Unbewusstes von Frauen nur Misserfolg erwartete – nicht überraschend, und das muss mit der Muttererfahrung zusammenhängen.

Heute früh habe ich wieder von Dir geträumt. Wir saßen neben einander und Du wehrtest mich ab, nicht böse, freundlich. Ich war sehr unglücklich. Nicht über die Abwehr, sondern über mich, der ich Dich behandelte wie eine beliebige stumme Frau und die Stimme überhörte, die aus Dir sprach und gerade zu mir sprach. Oder vielleicht, ich hatte sie nicht überhört, aber ich hatte ihr nicht antworten können. Trostloser als im ersten Traum gieng ich fort.

In diesem kurzen Traum, den Kafka am 15. Juni 1920 an Milena schickte, finden wir wieder das Motiv: „Du wehrtest mich ab, nicht böse, freundlich. Ich war sehr unglücklich." Er ist ärgerlich über sich selbst: wie er mit der Frau umgeht, ob er etwas von ihr überhört, oder eher weil er nichts sagen kann. „Trostlos[...]" war's. Die Erwartung gegenüber Milena und die unbewusste Erfahrung mit Mutter fallen in so einem Traum zusammen. Die große Ablehnung durch seine Mutter hat Kafka nicht bewusst verifiziert – in den Träumen kommt sie deshalb umso häufiger vor.

[....] Schließlich fragte ich: „Soll ich vielleicht den ganzen Tag warten?" „Ja" sagtest Du und wandtest Dich zu einer bereitstehenden, Dich erwartenden Gesellschaft. Der Sinn der Antwort war, dass Du gar nicht kommen werdest und dass das einzige Zugeständnis das Du mir machen könntest, die Erlaubnis sei, warten zu dürfen. „Ich werde nicht warten" sagte ich leise und da ich glaubte, Du hättest es nicht gehört und es doch mein letzter Trumpf war, schrie ich es Dir verzweifelt nach. Aber Dir war es gleichgültig, Du kümmertest Dich nicht mehr darum. Ich wankte irgendwie in die Stadt zurück.

Am Schluss dieses Traumes in der Nacht zuvor, zum 14. Juni 1920 datiert, heißt es also bezüglich Milena: „‚Soll ich vielleicht den ganzen Tag w a r t e n [Sperrdruck vom Autor]?' ‚Ja' sagtest Du ..." Die Frau wendet sich ab. Seine Ur-Erfahrung dürfte mit solch einer frustrierenden Situation zusammenfallen: vergebliches Warten gegenüber Mutter. Also Abweisung gegenüber dem anwesenden Kind, mit lediglich der Erlaubnis, „warten zu dürfen" (entfernt wurde das Kind nicht). Kafka war „verzweifelt", und der Frau (wen sollen wir hier einsetzen: die Mutter oder Milena oder jede andere Frau?) war es „gleichgültig". Dieses Warten, das Nichtverstehen, die Verzweiflung kennen wir aus vielen Schriften Kafkas. Biografisch wird es von ihm, in Ur-Form, so ausgedrückt: „Mein Leben ist das Zögern vor der Geburt". Seine Kindheit war vergebliches Warten, Zögern mit Schuldgefühl, emotionale Ablehnung durch die Mutter. Er zögerte immer, nicht nur vor der Geburt! Die Mutter wies ihn ständig zurück, wenn auch nicht offen. Dies projizierte Kafka später auf seine vielen unglücklichen Frauenbeziehungen.

5. Die ödipale Konkurrenz

Hin und wieder trifft die Freudsche Theorie, dass Träume unbewusste, tabuisierte Wünsche seien, mit entsprechender Bearbeitung durch den Zensor, das Über-Ich, zu. Wenn dann noch die geheimen Themen Sex, Aggression, Töten, geschlechtliche Konkurrenz sind, können wir in Ausnahmefällen einen Traum ganz nach Freuds Annahmen deuten. Z.B. den folgenden Traum:

Mein Chef hatte einen Autounfall. Auf einer Bahre wurde er zu mir nach Hause gebracht. Bei mir sah es wie im Büro aus. Es war aber trotzdem meine Wohnung. Der Chef war nicht tot. Ich sollte ihn operieren. Ich war sofort damit einverstanden. Ich weigerte mich aber, seine Frau zu verständigen. Kolleginnen und Kollegen, die auch da waren, sahen das ein. Sie wollten die Frau nach der Operation anrufen. Ich schnitt dem Chef mit einem großen Messer etwas ab. Danach war er wieder in Ordnung. Er konnte aber nicht richtig gehen. Vielleicht hatte ich ihm ein Bein abgeschnitten. Er musste sich schonen. Meine Kolleginnen sagten, ich müsste nun den Chef vertreten. Wir hatten eine große Feier. Ich tanzte mit jeder Kollegin und war der Chef. [27)]

Wünsche, massiver Art, sind in diesem Traum sehr entstellt, elegant verdrängt oder geleugnet, müssen aber als unbewusste Intentionen, ebenfalls massiver Art, erschlossen werden. Dass der Chef einen „Autounfall" haben möge, wird man als geheime Absicht deuten müssen. Typisch für viele Träume ist die Mischung von Beruf und Privatleben; theoretisch wird das getrennt, aber das ist oft Fiktion. Sachlich, objektiv geht es eben in Berufen nicht zu – sondern wie in der Steinzeit. Der „Chef" am Arbeitsplatz – der chief im clan – meint das Recht über die Frauen zu haben, und die Mitarbeiterinnen ziehen auch ihn den anderen vor. Steinzeitfrauen lieben Sieger, wählen keinen looser oder Untergebenen. Insofern denkt der Träumer nicht falsch: wäre er Chef, neigte sich ihm die Damenwelt zu. Generell im Traum werden Probleme aus dem Arbeitsleben und aus der Privatwelt oder Ehe oft und gern vertauscht. Zensur und Gewissen retten diesen Chef hier: „nicht tot". Natürlich – Absetzung und Kastration würden für den geheimen Wunsch genügen. Zum „Operieren", Kastrieren muss der Träumer gedrängt werden, das macht sich gut, wahrscheinlich ist er aber innerlich sehr interessiert daran. „Die Frau zu verständigen" würde bedeuten, dass diese eingreift, ihren Mann potent erhalten will und dem Träumer in die Quere käme. Der Träumer scheint sich im Leben sehr clever oder verschlagen, verlogen der Allgemeinheit anzupassen. Er eckt ungern an, nimmt sich lieber die Zustimmung der anderen für seine geheimen Absichten (Politikersyndrom).

Mit dem „Messer" wird nun die Kastration begangen. Sexuell „gehen" = sexuell funktionieren kann der Konkurrent nicht mehr. Es fehlen ihm Penis/Phallus = ein „Bein" (erotische Fuß-, Bein-, Gliedmaßen-Symbolik). „Er musste sich schonen": wieder so eine verlogene Sache; in Wahrheit konnte er, von Fremdem traumatisiert, nicht mehr. Der Träumer hat den Chef abgesetzt – im Wohnzimmer, im Büro und im Bordell. Die

Frauen drängen den Usurpator in die Anführerrolle, er selbst hält sich bedeckt. Er kann seine falsche Bescheidenheit weiterspielen. Aber tatsächlich ist die Außenwelt auch so (hier die Frauen), dass sie sagt: der alte König ist tot, es lebe der neue König. „Feier“ = Spaß, Lebenslust, Neugeburt. „Tanzen“ = Sex, Coitus. Das Finale des Traums (immer wichtig) ist klar: Wir haben einen neuen Anführer und Sexherrn: „Ich ... war der Chef“.

Mit jeder Kollegin zu tanzen, also Sex zu haben, ist der Traum eines jeden Männchens, welches grundsätzlich alle weiblichen Wesen der Herde für sich haben will; das ist der normale Omnipotenzanspruch, das ist der übliche Wahn und das ist das übliche Motiv in der Natur. Man wird aber diese Art Schonung des sexuellen Konkurrenten, des alten Chefs nicht nur als Lüge und Traumentstellung ansehen dürfen, sondern auch als ein Stück unbewusster Wahrheit. Der Träumer ist von der Mentalität her kein Mörder, nicht virtuell, nicht potentiell. Er würde nur gern seinen Chef als Sexboss ablösen (er will ihn nicht umbringen). Auch hält ihn die ödipale Furcht oder Konstellation vom schlimmsten Tun ab.

6. Sigmund Freud auf der Couch

Großes wahrlich hat Sigmund Freud für die Psychologie geleistet. Die Bedeutung des wichtigen Unbewussten hat er ins rechte Licht gerückt. Seine Theorien wurden von neuen

Erfahrungen, von ständigem Lernen geändert, verbessert. An den Träumen seiner Patienten und Bekannten und an seinen eigenen Träumen entwickelte er sein Wissen. Die praktischen Alltagsumstände seiner Träumenden ließ er sich erzählen und erschloss so schon viele Traumstellen. Wie wohl bei jedem schwand aber seine Objektivität mit der Annäherung an das eigene Unbewusste. Einige Deutungen der eigenen Träume sind also fragwürdig. Wir wollen ein Verdrängen nicht unterstellen, es fehlte aber wohl die Distanz. Und das Axiom, die sexuelle Libido sei das A und O unserer Motivation, sowie die einseitig vertretene These, alle Träume seien Wunschanmeldungen, ließ den ein oder anderen Traum von Freud nicht wirklich verstanden sein.

Wir werfen ein kurzes Schlaglicht auf Freuds Traumleben und beginnen mit dem Auftreten des berühmten Archetyps der „Drei Frauen", die gleich an die Drei Schicksalsgöttinnen erinnern.

Nachdem ich gereist bin, müde und hungrig das Bett aufgesucht habe, melden sich im Schlafe die großen Bedürfnisse des Lebens und ich träumte:
Ich gehe in eine Küche, um mir Mehlspeise geben zu lassen. Dort stehen drei Frauen, von denen eine die Wirtin ist und etwas in der Hand dreht, als ob sie Knödel machen würde. Sie antwortet, dass ich warten soll, bis sie fertig ist (nicht deutlich als Rede). Ich werde ungeduldig und gehe beleidigt weg. Ich ziehe einen Überrock an; der erste, den ich versuche, ist mir aber zu lang. Ich ziehe ihn wieder aus, etwas überrascht, dass er Pelzbesatz

hat. Ein zweiter, den ich anziehe, hat einen langen Streifen mit türkischer Zeichnung eingesetzt. Ein Fremder mit langem Gesicht und kurzem Spitzbart kommt hinzu und hindert mich am Anziehen, indem er ihn für den seinen erklärt. Ich zeige ihm nun, dass er über und über türkisch gestickt ist. Er fragt: Was gehen Sie die türkischen (Zeichnungen, Streifen ...) an? Wir sind aber dann ganz freundlich miteinander. [28)]

Die Küche ist ein eindeutiges Muttersymbol. In dem Traum wird also das Verhältnis Sigmund Freuds zu seiner Mutter dargestellt, wir können sagen in einer bestimmten Variante offenbart. Die Mutter ist das Schicksal, oder Mütter machen das Schicksal (eines jeden): daher taucht der Archetyp der Schicksalsgöttin auf. Diese kann in den meisten Religionen auch als Trinität auftreten, z.B. als die drei Parzen, drei Moiren, drei Matronen, drei Nornen. Die Hekate-Frau erscheint also abwechselnd als eine oder drei Personen bzw. Aspekte. Drei ist aber auch eine Unterstreichung der Faktizität (Wahrheitsgehalt) dieser Frau oder Mutter, auch noch eventuell ihrer Männlichkeit. Als Wirtin ist sie für Kind/Sohn Welt-Gastgeberin, und sie ist natürlich auch die, die Speise gibt. Wir finden in dem Traum die als Schicksal wirkende Mutter in der oralen Phase oder Erinnerung S. Freuds. Hand meint, dass sie gibt, und Knödel assoziiert zur Brust der Mutter. Doch der kleine Sigmund hat Pech, die Mutter hat selbst ihr Brusttrauma noch nicht erledigt, deshalb kann sie nicht geben bzw. nicht befriedigend (oder überhaupt nicht?) stillen. Freud muss warten [wie Kafka], er bekommt nichts: Frustration pur. Dass er damals „beleidigt" war – d.h. ihm war „Leid" angetan worden –, hat er seiner Mutter gegenüber nicht, und vor sich selbst nie ausgesprochen. Stattdessen macht er seinen Lesern in seinen Schriften glauben, er sei der Liebling seiner Mutter gewesen. Nach der Abweisung rettet sich der Träumer in zwei Rollen, unterschiedliche Verhaltensweisen. Bzw. er erwirbt zwei Charakterseiten, als Über-Röcke nämlich. Der Archetyp für Charakterprägungen ist: Kleidungsstücke. In diesen Prägungen, aus Mutterfrust geboren, stecken zwei Überraschungen, nämlich „Pelz" und „Türkisches". Auch dies sind Archetypen. Pelz-Kragen oder -Besatz, -Applikation meint: ein Stück (tierähnlicher) Aggression. Und Türkisch meint Lüge, Irrtum, Verfälschung, nach der deutschen Redewendung „eine Sache türken" [warum es diese Redensart gibt, kann ich nicht mehr aufklären – vielleicht weil die Türken ehemals feindlich und sehr fremd waren?]. Entsprechend oder zusätzlich tritt auch ein „Fremder" in dem Traum auf, etwas exotisch wirkend (wie ein Zauberer, Bluffer?), mit dem es einen Konflikt gibt. In dem Mann dürfte sich ein ödipaler Konflikt zwischen Freud und Vater verbergen oder aber eventuell der Animus der Mutter oder vielleicht allgemein der Geist der Lüge (wenn nicht gar ein anderer Erzeuger). Ich will diese Figur nicht weiter interpretieren oder dieses Thema fortführen – es könnte sein, dass da Freud ganz unbewusst einem größeren Familiengeheimnis auf der Spur ist. Das Ende ist „freundlich". Die Frustration und der Konflikt werden überspielt, verdrängt, zugedeckt. Als würde die Wahrheit den kleinen Sigmund nichts angehen. Wir können die zwei Überröcke auch als zwei Erfahrungen deuten. Zu lange (dauernd) und mit Pelz/Aggression: das war das Geburtserlebnis. Illusionär und verlogen/betrogen plus

Behinderung: das war Freuds Mutterbrusterlebnis. Der Vater trat als Fremder auf und forderte die Brust der Mutter/Frau rigoros für sich; die Brüste würden den Sohn nichts angehen; so entstand das auffallende, übertriebene Ödipusthema im kleinen Sigmund.

Freud hat um sein großes Muttertrauma sein Leben lang einen Bogen gemacht. Und dieses Muttertrauma sowie seine Verdrängung haben wirklich „Schicksal" (drei Göttinnen) gespielt. Es waren nämlich Bedingung und Druck dafür entstanden, dass Freud so heftig im Unbewussten, im Versteckten und Geleugneten forschte. Nur ein in der Küche unbefriedigter Mensch tut dies. Triebverzicht ergibt Kulturleistung, das ist Freuds eigene, richtige These.

„Und noch ein zweiter Traum ist es, in dem Erich Fromm die Botschaft des ersten bestätigt sieht:
In diesem Traum, den Freud mit sieben oder acht Jahren hatte, sieht er die Mutter mit ruhigem, schlafendem Gesichtsausdruck, die von einigen Personen mit Vogelschnäbeln ins Zimmer getragen und auf das Bett gelegt wird.
Freud berichtet in seiner ‚Traumdeutung', er sei ‚weinend und schreiend' aufgewacht". [29)]

Dieser Traum klärt noch tiefer über das Verhältnis Freuds zu seiner Mutter auf. Latent ist es hier grausamer. Und Träume aus der Kindheit haben einen überragenden Wahrheits- und Informationswert. Schlaf und Bett gehören hier zur Mutter, und die Mutter selbst spricht nicht, d.h. auch die Wortlosigkeit kennzeichnet die Mutter. „Vogelschnäbel“ machen die Geister, Komplexe, psychischen, unbewussten Inhalte der Mutter aus – wie übrigens bei Max Ernst, wo die Frauen (Mütter) oft Vogelköpfe haben. Die Deutung ist die: der abgespaltene Komplex der Mutter besteht aus aggressivem Weiblichem, aus Vogelschnäbeln; außerdem assoziiert dieses Bild zu einem Abtreibungsgeschehen. Zusammen mit der Bett- und Schlafsymbolik wird man vermuten können, dass Freuds Mutter in der Schwangerschaftszeit von Aggressionen und Ängsten hin- und hergerissen war (aus ihrer eigenen uteralen Erfahrung stammend, Wiederholungszwang). Freud erfuhr also nicht nur ein orales Trauma, sondern auch ein uterales Trauma.

Fromm erkennt auch in Freuds häufig wiederkehrenden Ängsten, zum Zug zu spät zu kommen, einen Hinweis auf die Affinität zu seiner Mutter, denn das Reisen, meint er, sei ein Symbol dafür, „die Sicherheit der Mutter und des elterlichen Heims zu verlassen, selbständig zu sein und sich von den Wurzeln loszureißen.“ [30)]

Erich Fromm ist Freuds Angst, den Zug zu verpassen, aufgefallen. Fromm deutet die Sache unzutreffend, indem er Zug/Reisen als Loslösung von der Mutter versteht und eine Gegenkraft zum Sich-Entfernen in Freud vermutet. Doch der Zug selbst ist das Muttersymbol, um dieses geht es, nicht um das Abreisen. Die Angst in Freud ist die unbewusste Erinnerung, dass er mit Zug, Abfahren, Einsteigen, Aussteigen, Erreichen, Festhalten, Ankommen am Bahnhof ein Problem hatte. Der „Zug“ ist ein klassisches Symbol der schwangeren Mutter.

Oft taucht er in Träumen auf, in denen ein Geburtsproblem abgehandelt wird. Inhalt von Freuds Angst ist: verpasst er den Zug? reißt die Verbindung ab? Mit anderen Worten: Inhalt ist der befürchtete (erinnerte) Mutterverlust. Und zwar im Zusammenhang mit Schwangerschaft und Geburt. Freud war einer Mutter, die uterales Leben gab, die Geburt gab, die Brust gab, nicht sicher! Er dürfte im Gegenteil Todesängste ausgestanden haben. Freuds Angst den Zug nicht zu erreichen ist die Angst, dass die Mutter als personifiziertes Leben ihm verlorengeht, ihn im Stich lässt.

7. Das Kind ist die Liebe

Eine Traumaufzeichnung des norddeutschen Erzählers und Pastors Gustav Frensen (1863-1945), aus dem Anfang der zwanziger Jahre des vergangenen Jahrhunderts:

Heute nacht träumte mir, ich ginge – ich war ein Kind, hatte jedoch die Seele eines Erwachsenen und hatte auch im übrigen ganz meine Seele, die reiner (natürlicher) ist als die der anderen Menschen – in das alte schöne Bauernhaus von R., kam durch die Haustür, deren Klang ich von meiner Kindheit her noch kenne und ganz genau hörte, ging über die Vorderdiele und trat in die kleine Kammer, die zu Norden ist. Als ich hineinkam, lag das Mädchen von meinem Geschlecht, das da vor ungefähr hundert Jahren Hausgenossin war, im Bett, den Kopf auf die Hand gestützt, und horchte nach dem Fenster. Es war eine klare Winternacht und draußen lag Schnee und ich sah im Widerschein des Schnees, der durchs Fenster kam, deutlich ihre Augen. Sie war wie eine Fünfundzwanzigjährige. Nach einer Weile erschien draußen am Fenster die Gestalt eines Mannes, und ich wußte, dass es ihr Liebhaber Peter T. war. Da sagte ich: „Laß ihn nicht ein! Bedenke, dass er verheiratet ist!" Sie sagte: „Er ist so unglücklich mit seiner Frau." Und sie deutete mit ihren Augen auf einen Ständer, der da plötzlich mitten in der Stube stand, und sagte: „So hölzern ist sie." Ich sah hin und sah, dass der Ständer wie ein dürres Weib war und auch ein dürres Weibergesicht hatte. Ich sagte: „Aber es darf doch nicht sein, er ist verheiratet." „Ach", sagte sie, „wenn du mein Herz kenntest, würdest du das nicht sagen. Sieh doch", und sie griff mit einer leichten Bewegung in die Brust und zeigte mir die flache Hand und sagte wieder: „Sieh doch", und es spielte ein kleines, schönes, sinniges Kind halb liegend auf der Fläche ihrer Hand, und ich wußte, dass es ihr Herz war.

Dann kam Nebel und wir redeten hin und her, was ich nicht mehr weiß. Dann wurde es wieder heller, und sie stand sonntäglich gekleidet vor ihrer Kommode, nahm ihr Gesangbuch, legte nach der Sitte meiner Heimat ein weißes Taschentuch darauf und sagte: „Du kannst ja selber mitansehen, wie ich bete." Und sie ging mit mir durch die Wand und wir waren sogleich in der Kirche. Es war aber die alte Kirche, die erste in unserem Dorf, und sie war eher wie eine große Diele (groote Deel). Diese Kirchendiele war voll von ernsten, würdigen Menschen, die nun, da der Raum sich plötzlich vergrößert hatte, von allen Seiten, von ihren Pflügen und Herden und Stuben herbeikamen, und ich wußte im Traum, dass es die Menschen der Heimatgemeinde waren von allem Anfang her, alle zusammen, bis jetzt hin. Durch diese alle ging sie hindurch. Es war nun wieder mehr ein geschlossener Raum wie eine Kirche, und sie saßen alle auf Bänken. Man hörte nichts als das Rascheln und Fressen der Kühe von den Dielen.

Nun kam wieder eine Stelle, von der ich nichts weiß; wahrscheinlich ist da gesungen worden und Altardienst gewesen. Ich erinnere mich, dass jedesmal, wenn sie im Gesang ihres Liedes in ergreifenden, hoch aufbrausenden Tönen an die Stelle kamen, die Gottes Werk und Ehre pries, rechts und links vom Altar in wunderschöner Bewegung zwei Pferde mit dem Vorderkörper aus der Erde sprangen und sich bäumten. Dann aber sagte eine laute Stimme: „Die Kirche verbietet es." Aber die Gemeinde sagte laut und klar: „Höher!" Da sagte jene zornige Stimme wieder: „Die Gemeinde verbietet es." Aber die Gemeinde sagte wieder laut: „Höher!" Da sagte die zornige Stimme zum drittenmal: „Aber das Volk verbietet es, es wird schmutzig davon." Da wurde es still. Aber gleich darauf kam ein helles übermütiges Lachen über die Versammlung hin, und wir sahen alle dort, wo vorher der Altar gewesen war, das Mädchen in ihrer Kammer. Sie saß auf dem Rand ihres Bettes und hatte ein Kind in ihrem Arm und spielte damit, und das Kind lachte so herzlich, dass alle die ernsten Gesichter mitlächeln mussten. Danach waren es zwei Kinder, und die Kammer war nun ein kleines Haus, und die Kinder liefen ein und aus; und sie waren alle drei bei der Arbeit, indem sie Kartoffeln und Rüben für den Winterbedarf von dem Feld in das Kellerchen trugen, das gleich neben dem

Bett war. Ich fühlte und wußte dabei deutlich, dass ein Vater nicht da wäre, und dass diese drei, die Mutter mit ihren beiden Kindern, immer so allein wären. Und all die Leute, die in der Kirche gesessen hatten, standen auf und gingen vorüber. Und indem sie vorüber gingen, sagten sie alle: „Nein, ihr seid kein Schmutz, ihr drei!“ Und einer sagte: „Wir glauben sogar, dass du die Bravste bist und Sauberste im ganzen Dorf.“ Und sie streichelten den Jungen, der nun plötzlich – wie ich jetzt deutlich sah – der Sohn der Witwe P. war, von dem ich immer denke, dass er ein Held werden wird. Über diese Worte und die allgemeine Zustimmung, die sie fanden, freute ich mich so, dass ich in Freude lachte. Darüber erwachte ich und wiederholte mir einige Male diesen wunderbar deutlichen und bunten Traum und schrieb ihn vor Tagen nieder. Dies war übrigens, was die Stimmung angeht, ein typischer Traum.

So gehen Eifer und Zorn bis in die Träume und rufen zu Eideshelfern sogar die, welche schon lange schliefen.[31)]

Die Eingangskonstellation gibt es oft, es vermischen sich Altersstufen oder Wohnorte eines Träumers (z. B. man ist als Erwachsener in einer Wohnung, in der man real nur als Kind war). Der Autor träumt als Kind, mit aber der aktuellen erwachsenen Seele. D.h. ungefähr: kindliche Sicht/Erfahrung plus Erwachsenenwissen. Das „Kind“ wird sich als Motiv den ganzen Traum hindurchziehen. Nur wenige, z.B. Kinder und Trolle und Sterbende, können den Genius loci erkennen, können sehen, welche Wesen sich früher einmal an einem bestimmten Ort aufgehalten haben. Manchmal kann man im Traum die lokalen Geister (Personen) auch einer fernen Zukunft sehen, z.B. welche Enkel oder Urenkel einmal im eigenen Hof spielen werden. Hier sieht nun der Träumer das Mädchen, das vor hundert Jahren in diesem Bauernhaus, in einer speziellen Kammer lebte. Motiviert vielleicht dadurch, dass sie eine Vor-Inkarnation von ihm war oder dass die Geschichte dieses Mädchens nie richtig verarbeitet wurde (sondern ein typisches Familiengeheimnis ist, was weiterwirkt) oder weil es einen thematisch gleichen Tagesanstoß gegeben hat – sogar sicherlich: einen entsprechenden Tages-Auslöser. Man könnte auch sagen, dieses Mädchen oder diese ehemals reale Szene ist in Frensens sippschaftsbezogenem kollektivem Unbewussten gespeichert. Solche Erinnerungen, an Vorfahren z.B., gibt es vielfältig im Traum.

Schnee bedeutet etwas wie Frieden, meint gern auch etwas von Heilung/Rettung auf dem Boden eines sehr großen Problems. Das weise Kind in Frensen, das träumt, verlässt den Autor und Kleriker zuweilen, gibt erst später dem Pastor im Träumer die Hauptrolle. Und der verbietet das illegitime erotische Verhältnis, das Fremdgehen. Der Träumer ist sowohl strenger Pastor als auch die viel weisere Person in Kind und Frau; er ist gespalten. Gegenstände im Traum sind immer bildkräftig und aussagekräftig, sie illustrieren Redewendungen, die betreffende Ehefrau ist also ein dürrer, hölzerner Ständer – das versteht jeder. Es folgt eine großartige Bilder-, Archetypenszene: Herz = Kind = Liebe! Hier sehen wir, was die Menschen, in vielen Psychologie- und Esoterikbüchern, mit dem „inneren Kind“ meinen: das Herz eines Menschen, sein unschuldiges

Herzgefühl. Das deckt sich übrigens mit der Bethlehem-Jesus-Geschichte, mit Weihnachten.

Es gehört zu bestimmten Traumstufen, dass man die Vergangenheit sehen kann und auch dass die Gesetze der Materie außer Kraft sind; in der geistigen Welt (des Traums) kann man ohne weiteres sein Herz aus der Brust herausziehen oder durch Mauern gehen.

Nebel umhüllt dann die Zwischenschicht des sehr Unbewussten, des Verschwommenen, des nicht Erinnerungsfähigen. Wie nach einem Cut in der Regie folgt unmittelbar darauf eine neue Szene. Nun ist es konkret wie symbolisch hell, und der Träumer sieht wieder sehr klar. Der Konflikt zwischen seiner Pastor- und seiner Kindseele, die heidnisch ist, setzt sich fort. Wie immer führt der Traum lieber vor, als dass er umständlich erklärt; es geht durch die Wand, und flugs ist man in einer Kirche aus alter Zeit. Die „erste" Kirche gehört zu den Anfängen des Christentums in diesem Dorf, diese war wohl eher wie eine groote Deel gebaut. Außerdem haben wir wieder die typische Vermischung, Kirche und Privathaus werden zusammengeschmolzen, was auch bedeutet, dass das Problem ein kombiniertes, komplexes war, nämlich gesellschaftlich und privat. Es ist sozusagen ein historischer Traum, denn neben einigen geschichtlichen Einzelheiten wird auch eine Gesamtschau gegeben, wie eine lückenlose Chronologie. Jeder Träumer ist ein Chronist. Die Gesamtheit der Entwicklung bisher wird vorgeführt; in Träumen kann sich das auf eine Persönlichkeitsgenese wie auch auf ein Kollektiv beziehen. Der Chronist/Träumer übergeht einiges, vielleicht Unwesentliches, und steigt dann in das stärkste Bild ein, in das Gefühlsintensivste, in Gesang und Pferde. Die altsächsischen, heidnischen „Pferde", Träger hoher weiblicher Energie, bäumen sich tatsächlich aus der Erde neben dem christlichen Altar hoch. Pferde sind unschuldige Leidenschaften, durchaus etwas domestiziert (also wie Menschen). Kentauren, Pferdemenschen sind im übrigen auch immer etwas auf Sex aus, in der Antike jedenfalls. In dem Gegensatz von Christenstimme und Pferd spitzt sich der Konflikt zu – den es wahrscheinlich im Herz oder Unbewussten eines jeden, natürlich gebliebenen Pastors oder in jedem niedersächsischen Dorf gibt bzw. gab. Der Verlauf der Missionierung im Frühmittelalter wird genial dargestellt: erst geht es um Lehre, Stimme eines christlichen Bekehrers oder zornigen Predigers, zuletzt aber um die Lehre des „Volkes". Gegen das manipulierte Kollektiv als Sittenrichter haben Pferd und Mädchen und Gesang und das Hoch und die Reststimme der Gemeinde keine Chance mehr. Jetzt ist es schon nicht mehr 600 oder 700, sondern 900 oder 1.000 nach Christus. Liebe, Sex und Gefühl sind verboten und schmutzig. Aber trotz allem, in einer versteckten Kammer ist dieses Mädchen seinem Herz und Gefühl, seiner Liebe treu geblieben: das unschuldige innere Kind lacht. Das reißt mit oder macht wenigstens die Gemeinde nachdenklich, „still". Wer kann sich auch der Liebe entziehen, die noch mit Pflicht, Arbeit, Lebensvorsorge verbunden ist und zudem in Kindern auftritt? Schmelzen wir nicht alle im Kindschen Reflex? Wie viele offiziell „vaterlose" Kinder hat der Druck des Christentums nicht geschaffen (auch seine Brüder Judentum, Islam waren da nicht untätig). Das Ur-Moralgefühl im Herzen der Mitglieder der Gemeinde ist quasi unmanipuliert geblieben, es muss einfach erkennen, dass „kein Schmutz“ in dieser Personengruppe vorhanden ist, in einer so unschuldigen Liebe.

Im Finale des Traums löst sich wahrscheinlich ein geheimer Gedanke zum rezenten Material, zu den Tageseindrücken, die diesen Traum hervorlockten, provozierten. Die Witwe P. – sie ist vielleicht als Liebesobjekt und Frau interessant für den (verheirateten) Pastor, als Seele und Ethos ist sie attraktiv, sie hätte so wunderschöne Werte für einen Seitensprung des Pastors. Jedenfalls um etwas Ähnliches dürfte es sich handeln. Ihr Herz und ihre Liebe und ihr Animus, also ihr Unbewusstes, werden in ihrem Kind, in ihrem Sohn dargestellt. Es schafft sich der Pastor als Träumer ein gutes Gewissen für sein amouröses Interesse an der Witwe P., indem er eine Mehrheit zustimmen lässt, das freut ihn logischerweise; diese Methode gibt es sehr oft im Traum. Was in ihm noch nichtchristlich ist, hätte sowieso keine Skrupel gegenüber der schönen Witwe. Der Traum, tatsächlich, soll ein „Eideshelfer“ dafür sein, dass das Fremdgehen moralisch gut wäre, wie der Traumaufzeichner am Ende indirekt verrät.

Tragisch ist, dass erst durch solche Eigenerfahrungen Angeklagte aus früherer Zeit, nämlich die, die illegitime Liebesverhältnisse hatten, nachträglich rehabilitiert werden. Und wer, füge ich hinzu, rehabilitiert in diesem Zusammenhang die armen, verbrannten Hexen aus dem Mittelalter? Wo ist ihr Mahnmal? Es müsste auf einer grooten Deele stehen.

Das „innere Kind", das gegen die wahnsinnigen und manipulierten Gedanken des Erwachsenen oder „der Gemeinde" auftritt, wächst von selbst in uns, es meldet sich anscheinend plötzlich im Traum. Ein Wunder ist es, niemand hat es gerufen, geschaffen, es kommt über Nacht, aus der Brust oder wie von einer Frau ohne Mann oder Verheiratung, es ist der Archetyp des göttlichen Erlösungskindes (Jesus, Horus, Baldur). Dieses Kind (auch als Herz oder Pferd oder Frau) ist rein, ist „kein Schmutz".

8. Unschuldig in Gottes Haus

Der folgende Traum einer knapp vierzigjährigen Frau ist innerhalb eines Traumes erinnert und erzählt worden. In dem Rahmentraum heißt es an einer Stelle:

„... Also beziehe ich mich auf die erste Frage [einer Lehrerin] nach der Mietsenkung und erkläre, dass Gott mir in einem Traum sogar gesagt habe, wie man überhaupt keine Miete mehr zahlen müsse. Dann beginne ich den Traum":

Ich stehe an einem sonnigen Tag vor dem Zwei- bis Drei-Parteien-Haus (eher drei Parteien), in dem ich zur Miete wohne. Das Haus gehört Gott. Gott ist also mein Vermieter. Das Haus steht wohl auf einer Steilküste und befindet sich somit auf einer Hochebene. In der Nähe steht ein dicker Baum (oder sogar ein Hain oder sogar ein ganzer Wald?). Ich bin zwar sehr froh über meine Wohnsituation, habe aber auch ein schlechtes Gewissen bzw. Schuldgefühle: Zum einen, weil ich in einem Haus wohnen darf, das Gott selbst gehört, und zum anderen, weil er uns, seinen Mietern, eine verbilligte Miete gewährt hat. Aber wie ich so vor dem Haus stehe und mein schlechtes Gewissen (aufgrund der Vorzugsbehandlung/Vorzugssituation) spüre, höre ich Gottes – sanfte! – Stimme in mir, die mir erklärt, dass gerade derjenige, der seine Schuldgefühle ganz ablegen kann, überhaupt keine Miete mehr bezahlt."

Der sonnige Tag ist eine Art positiver Bestrahlung durch Gott und Wissen bzw. eine klare, nicht trübe Erkenntnis. Die zwei oder drei Parteien meinen die träumende Person als Trinität (Dreifaltigkeit ist die Kernstruktur aller Lebewesen) oder als Kind/Produkt zweier Eltern. Die Lebenssituation und -möglichkeit für diese Art Familie, also für Vater/Mutter/Kind auf der Erde ist das (Mehrparteien-)Haus Gottes, ein Gottes-Haus. Bei zwei Parteien ist vielleicht mehr daran gedacht, dass die Eltern das Erdenhaus für ein Kind, für die Träumerin bereitstellen. Eventuell gibt es auch Tagesanstöße zu Mehrparteienhäusern und Mietparteien (die Träumerin wohnt aber in Eigentum). An der Steilküste zeigt sich zum einen, dass Lebensankunft archetypisch so dargestellt wird, als erreiche man vom Wasser aus einen Strand. Die hohe Kante oder Lage verweist auf ein anderes Bild: Geburt ist wie ein Sprung (in die Tiefe, ins kalte Wasser, in den Abgrund oder ähnlich). Andererseits zeigt die Hochebene, also die Höhe, dass die Träumerin im Moment einen hochspirituellen Standpunkt (Übersicht, Erkenntnis, Transzendenz) hat, von oben, also in Gottnähe berichtet. Der dicke Baum ist Leben, Mutter,

Schutz, Frau Erde. Der Wald wäre das Unbewusste oder der noch jenseitige Zustand (uteral, kurz vor der Geburt).

Hauptthema des Traumes ist, die vielen falschen Schuldkomplexe der Träumerin aufzulösen, d.h. das bewusste Schuldgefühl durch die unbewusste Schuldfreiheit zu ersetzen. Das Schuldgefühl bezieht sich existentiell auf das Dasein der Träumerin, darauf, dass sie leben darf, dass sie die Schöpfung benutzen darf. Man kann streiten, ob sie sich als Auserwählte empfindet, die in einer gottnahen Vorzugsposition leben darf, oder ob sie lapidar, lakonisch ausdrückt, dass alle Schöpfung, alle Häuser Gott gehören und seine Gunst eine verbilligte Miete, d.h. Barmherzigkeit, und nicht grausame Gerechtigkeit ist. Haus kann man als Materie generell, als spezielle Lebensbedingung oder als das Körperliche, den eigenen Körper verstehen, das Letztere in dem Sinne: alle unsere Körper sind von Gott geschaffen und uns geliehen. Schuldgefühle oder Selbstanklagen sind die Rückseite der Medaille, die da heißt: man wäre omnipotent und hätte alle Machbarkeit in der Hand (der Revers von der Medaille Vorzugsbewusstsein). In Wahrheit sind wir weder für unsere Erfolge noch für unsere Schlechtigkeit übermäßig verantwortlich. Der Mensch ist Träger des Geistes und führt den Willen der Himmlischen aus; er vermag wenig. Als Rädchen im Getriebe, als z.T. Unfreier hat der Mensch auch seine große unschuldige Seite. Wer aber strafen und herrschen will, redet dem Menschen seine Unschuld, Unverantwortlichkeit, Ohnmacht gegenüber dem Schicksal aus. In den meisten Kulturen ist „die Unschuld des Werdens [der Evolution, persönlich wie kollektiv] verlorengegangen“, bedauert Friedrich Nietzsche. Die Ablegung des Schuldgefühls beinhaltet einen Spruch wie: Ich, Gott, kann gar nichts, weder Gutes noch Schlechtes, ich funktioniere, diene und lebe, alles Werk ist Deines, Gott. Und es beinhaltet wieder, wie die Kinder zu werden. Das sind die Kinder, von denen Jesus sagt, dass ihrer das Himmelreich sei. Der Archetyp „Kind“ in Jesu Lehren heißt: Unschuldsbewusstsein! Sozusagen wie ganz früh, am Anfang der Welt, oder wie im Paradies, oder wie vor dem Auftreten von Lehrern, Richtern und Religionsstiftern.

„Jesus sprach: Wenn ihr eure Scham auszieht und eure Kleider nehmt und sie unter eure Füße legt, wie die kleinen Kinder, und ihr auf sie tretet: dann [werdet ihr...] den Sohn des Lebendigen [ergänze: sehen], und ihr werdet keine Furcht haben.“
= Spruch 38 aus dem apokryphen Thomas-Evangelium.[32)]

Scham, Sich-Schämen ist eine Variante des Schuldgefühls. Kinder haben ursprünglich keine Kleider des schlechten Gewissens. Schuldgefühl ist eine wenigstens partielle Selbstablehnung, auch dies ist Kindern fremd, sofern es nicht injiziert (worden) ist. Wer seine Schuldgefühle, Selbstverurteilungen ganz ablegen kann, ist nicht mehr irgendjemandem etwas schuldig, ist auch keine Miete mehr schuldig. Er begegnet Gott so, dass beide unschuldig sind und niemand eine Leistung gegenrechnen, bezahlen muss. Der Traum behandelt nicht ethische Fragen zur Schuld oder Schuldfragen innerhalb von Welt, unter Menschen. Es geht um das Verhältnis zu Gott, und das ist und war immer unschuldig. Gott liebt es, wenn man ihm in paradiesischem Unschuldsgefühl gegenübersteht, der

Sündenfall ist als Chimäre weggeblasen. Ja Gott spricht etwa so: Der Sündenfall existiert nicht, Du bist mir nichts schuldig.

Insgesamt ist es ein hochtranszendenter Traum, der die große Selbstannahme und Selbstliebe predigt. Gott will nicht, dass man sich in Schuldvorwürfen zerfleischt. Frei, wie am ersten Tag der Schöpfung: das ist der Mensch ohne Schuldgefühl. Und so ist auch das Kind im Unschuldsbewusstsein. Fazit des Traums: Kein Mensch muss irgendetwas dafür zahlen, dass er von Gott das Leben geschenkt bekommen hat. (Im Falle dieser Träumerin könnte ein Schuldkomplex aus der Vorfahrengeschichte übernommen worden sein, und zwar wegen tabuisierter Zeugungen, also wegen anscheinend schuldhafter Existenzen.)

9. Weiterleben nach dem Tod durch Krebs

Ein 50-jähriger Mann, der an Krebs erkrankt war und vor seiner zweiten Operation stand, träumte Folgendes:

Er ging durch einen winterlichen Wald. Es war düster und kalt. Schnee lag am Boden. In der Ferne hörte man das Singen einer Kettensäge, und wie von Zeit zu Zeit ein großer Baum krachend zu Boden fiel. Der Träumer fühlte sich tief deprimiert. Plötzlich war er wie auf eine höhere Ebene versetzt. Auch hier war Wald, aber es war Sommerzeit, und das Sonnenlicht spielte durch das Laub, und das grüne Moos am Boden leuchtete auf. Der längst (vor 30 Jahren) verstorbene Vater des Träumers war da und sagte lächelnd: „Siehst du, hier ist wieder Wald und Leben. Achte nun einfach nicht mehr auf das, was da unten noch geschieht.“[33)]

Etwas später, ebenfalls noch vor der genannten Operation, an deren Folgen der Mann zwei Monate später starb, träumte er:

„Er gehe einen von Bäumen und Sträuchern bewachsenen Hang hinauf. Ein Waldbrand hatte gewütet und alle Vegetation, obwohl sie noch grün war, völlig verbrannt. Alles war schwarz verkohlt. Da sah der Träumer einen großen roten runden Sandstein. Er rief aus: „Den hat es nicht verbrannt, er hat sogar keinerlei Brandspuren!“[32)]

Der Wald steht für die Grünkraft (*viriditas* genannt bei Hildegard von Bingen), das ist Wachstum, Leben in körperlicher, animalischer Hinsicht. Der Wald stellt auch das Unbewusste dar, in welchem der Träumer seinen Übergang ins Jenseits bereits voraussieht. Düster und kalt und verschneit: alles ist lebensfeindlich. Im Baum als Ich-Symbol zeigt sich das tödliche Fallen eines Menschen, sein Ende. Das Aggressionssymbol Kettensäge ist das Werkzeug/Medium fürs Sterben. Nach Depression, Trauer und Ähnlichem ereignet sich der typische Umschlag, der in vielen Nahtodberichten bezeugt ist: plötzlich ist alles anders, heiter und frei. Die höhere Ebene der geistigen Welt entspricht dem Out-of-Body-Erlebnis, dem Schweben und dem Himmel. Nun erfahren wir, dass die Erde ein Abbild des Himmels ist. Jede Stadt auf Erden hat ihr vollkommenes, ideales Pendant in der geistigen Dimension;

zu jedem irdischen Jerusalem gibt es ein himmlisches (extrem schönes) Jerusalem; jeder Mensch auf Erden ist eine mangelhafte Kopie seines idealen eigenen Engels oder Vorbilds im Jenseits; alles, was auf der Welt existiert, ist gezeugt von den etwa platonischen Ideen, Urbildern, idealen Vorbildern in der geistigen Welt. Jesus in den Nag-Hamadi-Texten sagt: In den Äonen vereinigt sich der Mensch als „Abbild" wieder mit seinem (erzeugenden, geistigen) „Urbild". Letzteres ist ewig und hat allein Sein. Deshalb überrascht es nicht – ganz im Gegenteil –, dass in der Höhe wieder Wald ist, genau wie unten, aber nun schöner, idealer, nämlich mit Sommer, Sonne, Licht, Grün, Leuchten. Im Jenseits werden wir empfangen von Liebenden, Geliebten, Vorausgegangenen. Die Toten sind nicht tot. Der Vater spricht kurz die gerade genannte ideale Entsprechung an: „wieder Wald und Leben"; und empfiehlt dann etwas wie Vergessen. Er hilft dem Neuankömmling, sein Bewusstsein auf das Hier und Jetzt zu konzentrieren und die Welterlebnisse ins Unbewusste wegzuschieben. Der Däne Martinus spricht vom neuen Tagesbewusstsein im Himmel, und die Weltereignisse werden drüben das Unterbewusste (Nachtbewusstsein), was man im Jenseits mit sich weiter forttrӓgt. Die Griechen wussten, dass jeder Sterbende über den Fluss des Vergessens fährt, fahren muss, über die Lethe. Genauso wie man bei der Geburt über diesen Fluss des Vergessens fährt, wie bei Platon, im Tibetischen Totenbuch und in den Upanishaden angesprochen, und dabei das Pränatale vergisst, welches zum Unbewussten wird und übrigens auch zum Traummaterial wird. Nicht-Vergessen ist Wahrheit, ist griechisch a-letheia, d.h. Anti-Lethe. Traumerinnerungen sind also Wahrheiten. Auch wenn man morgens aufwacht, trinkt man blitzschnell wieder den „Becher des Vergessens, von einem Daimon gereicht" (Platon), wie bei der Geburt also, wie bei der Ankunft drüben.

Der nächste Traum zeigt als ansteigender Hangweg den Lebensweg. Der Tod des Körperlichen, gerade bei Krebstod, wird oft als Feuer, als Vernichtungsbrand dargestellt. Auf den meisten Bildern von sterbenskranken Krebspatienten wird die Vernichtung als ein In-Flammen-Stehen gemalt. In dieser non-verbalen Kommunikationsform löscht das Feuer das Leben (vgl. die Untersuchungen zu solchen Bildern von Susan Bach, Elisabeth Kübler-Ross). Tatsächlich ist das Feuer ein tiefster, stärkster, ältester Archetyp für Lebensvernichtung. Die Vegetation als Lebendiges ist schwarz, verbrannt, verkohlt = der Mensch, der noch junge (grün), ist tot. Da taucht das Wissen um das ewige Weiterleben auf, wie aus dem Nichts, ohne dass der Träumer das in irgendeiner Schule gelernt hätte. Der „rote Buntsandstein" aus den uralten, heiligen Tiefen des kollektiven Unbewussten tritt auf. Niemand kennt ihn, niemand versteht ihn. Er dokumentiert: nichts Wesentliches ist verbrannt! Er sagt: was ich bin, was in mir ist, ist unzerstörbar. Nennen wir es die ewige Seele, die Auferstehung, das Leben nach dem Tod, die Unvergänglichkeit des jeweiligen menschlichen Entwurfs, die Unauslöschlichkeit der Existenz. Rot ist Lebensenergie, Rund ist Lebenskraft, Stein ist unzerstörbar. Dieses überraschende Symbol des rötlichen Buntsandsteins erkannte C.G. Jung schon als Archetyp der Ewigkeit (dem Autor begegnete es auch in Träumen). Es ist eine Erfahrungssache, erklärbar ist der Archetyp kaum – es sei denn, man stellt eine Assoziation zu Farbe und Form des rötlich-braunen Herzmuskels her und definiert zudem das Herz als Sitz des Lebens.

Durch den Vater im Jenseits und durch den Stein erhält also dieser Krebskranke, Krebstote ein Wissen oder Ahnen über sein sofortiges Weiterleben nach dem Tod. Träume liefern solche Weisheiten nicht selten.

10. Seelenwerk und Lebenswerk

Wir wählen einen interessanten Traum aus einem Buch des Edward F. Erdinger, der C.G. Jung inhaltlich nahesteht:

... Ein weiteres Beispiel ist der Bericht einer Frau vom Tod ihres Großvaters. „Bevor mein Großvater starb, war er acht oder zehn Jahre lang in einem Pflegeheim und so senil, dass er niemanden mehr zu erkennen schien. Alle fragten immerzu: ‚Warum stirbt er nicht?' Alle verbreiteten sich ständig darüber, wieviel besser es gewesen wäre, wenn er hätte sterben können, als sein aktives Leben vorbei war; einen Sinn hatte er immer nur in Arbeit und Beschäftigung gefunden. In der Nacht vor seinem Tod träumte eine seiner Töchter (meine Tante), dass sie einen sehr großen und sehr schönen kunstvoll und bunt gewebten orientalischen Teppich vor sich hängen sah. Sie sah, wie am oberen Rand der letzte Faden eingezogen wurde. Sie begriff, dass dieser Teppich

das Seelenwerk ihres Vaters war, das er in den letzen acht oder zehn Jahren still gewebt hatte, und jetzt, da es fertig war, war er frei und konnte gehen. Am nächsten Tag starb mein Großvater. ...[34)]

Wir haben es also in dem Traum mit dem Archetyp Teppich zu tun. Zum einen hat ein Teppich ein Muster (Bild) und zum anderen eine Leinwand- oder Teppich- oder Kettenunterlage, d.h. das Muster wird auf einen Untergrund aufgetragen. Jede einzelne Schlinge eines Teppichs stellt ein Lebensereignis dar, woraus sich das Gesamtlebensfazit, das Lebenswerk ergibt. Die Unterlage ist das Rohmaterial, etwa der Körper, sowie die bei der Geburt noch biografisch ungeprägte Seele, die leere Seele auf der materiellen Basis. Die ersten Fadeneinzüge, -bewegungen, die auf der Unterlage ein Muster beginnen aufzubauen, sind die Taten und Entscheidungen der Eltern für das Baby. Zunehmend webt der junge Mensch dann selbst – das Muster seiner Biografie, das Lebenswerk, was zum abschließenden Seelenkunstwerk, zum Gesamtwerk wird. Das Muster auf der groben, leeren Unterlage ist ein Symbol dafür, seine leere Seele im Laufe eines Lebens biografisch vollzuschreiben oder auch auf den Körper Seelenerfahrungen daraufzulegen, daraufzuweben. In manchen Träumen werden Körper und das dazugehörige Seelische, in der Schwangerschaftszeit, in dem Bild dargestellt, dass eine Feder sich auf ein Schiffchen unten, als auf das Materielle, legt. Oder es müssen auch schon einmal alle Schlingen eines Teppichmusters im Traum „gezählt“ werden, das meint ungefähr festhalten, erinnern, wichtignehmen (nichts an Lebensereignissen geht ja wirklich verloren, sondern ist potentiell zählbar, er-zählbar).

In dem hier vorliegenden Traum haben wir den Teppich als Seelenwerk, d.h. als alle Taten mit ihrer seelischen Auswirkung, und zwar orientalisch bunt, also keinesfalls uni, was ein undenkbar monotones Leben wäre. Die Buntheit hier ist die Vielfältigkeit der Erlebnisse. Jede Biografie ist ein Kunstwerk – und wir weben daran ein Leben lang. Der äußere Anschein trügt oft. Der heftig Tätige oder der viel Reisende oder der, der der Eindrücke übervoll ist, webt nicht intensiver an seinem Teppich als der Ruhende, Schlafende, Träumende, Sitzende. Der Mensch, der ein Pflegefall ist, der Alzheimerpatient, der Alkoholiker, der scheinbar sinnlos den Tag vertut: sie alle arbeiten pausenlos innerlich an ihrem Lebenswerk, Seelenwerk, Seelenfazit, Seelenteppich. Nichts ist umsonst oder vergeblich. An äußerlichen Aktivitäten ist weder Erfolg noch Sinn noch Fertigwerden abzulesen. Neben der beeindruckenden Information, dass wir alle an einem Kunstseelenwerk in etwa teppich-ähnlicher Form weben, zeigt der Traum, dass es keine einzige sinnlose Minute im Leben gibt. Jede Sekunde ist wichtig, und in jeder Sekunde geschieht etwas. Was geschieht? Etwas Spirituelles. Niemand stirbt, bevor nicht sein spezieller Teppich – der bei jedem Menschen anders aussieht und anders groß ist – zu Ende gewebt ist. Als Seele, welche vom Diesseits ins Jenseits getragen, mitgenommen wird, gleicht das Werk einem überbunten orientalischen Teppich sowie auch dem Archetyp des fliegenden Teppichs; alles, was fliegt, ist mental, nicht materiell.

Der obere Rand ist die letzte Lebenszeit (das Alter), unten fing das Leben einmal an. Das Seelenwerk, die Erfahrungssammlung, der Wissenserwerb als Puzzle, als sinnvolles Puzzle, muss „fertig“ sein, bevor man geht, gehen kann, gehen darf. An dem Werk webt man ganz still, unauffällig, unspektakulär. Und nicht selten unter Schmerzen. Schmerzen lassen das Leben, das Weiterleben als sinnlos erscheinen – ein großer Irrtum. Was ist das Erdenleben? Etwas desillusioniert könnte man sagen: Leben ist Lernen unter Schmerzen; oder radikaler: Wissenserwerb unter Grausamkeit. Buddha definiert das Leben als „Leid“. Nicht nur die Lustigen, sondern so viele leidende Patienten, die Gefangenen wie die Heiminsassen arbeiten an der Vollendung ihres Seelekunstwerks, ihres Teppichs. Sterben heißt dann: frei werden, wie es die Gnostiker früher behaupteten; es ist das Ende des Leids mit Gewinn.

Außerdem ist das Sterben vorbestimmt – sonst könnte niemand das Sterben in einer Nacht davor träumen. Die „Weberinnen“ und Spinnerinnen, das sind die Schicksalsfrauen, geben die Arbeitsschritte und die Methoden vor. So „webt“ auch der Mensch.

Bei Erdinger, ebenda, S. 160, ist auch zitiert: ein Traum des amerikanischen Philosophen Ralph Waldo Emerson aus dem Jahre 1840, als er 37 Jahre alt war:

Ich schwebte, ganz nach meinem Willen, im großen Äther, und ich sah, wie auch diese Welt nicht weit entfernt dahintrieb, aber auf die Größe eines Apfels zusammengezogen. Da nahm sie ein

Engel in die Hand und brachte sie mir und sprach: „Dies musst du essen." Und ich aß die Welt. [35]

Die Welt ist eine Lebensform, die man integrieren, „essen" muss. Das Erdenleben ist eine Zustandsform, die man gänzlich durchleben und schlucken, also herunterschlucken muss. Der Abschied aus der geistigen Welt wird mit verschiedenen Worten beschrieben: z.B. als Paradiesverlust, als Geburt/ Schöpfung, als Engelssturz, als Überdruss/Sattsein an der geistigen Schau oder am Aufenthalt bei den Göttern (so etwa Sokrates und Martinus), als Bewusstseinswandlung/Vergessen, als „Apfel oder Schlange essen" (Letzteres bei Gnostikern und Sufis). Der Archetyp für Weltleben heißt quasi: Materie essen, verdauen, und wieder ausscheiden.

Als geistiges, unmaterielles Wesen schwebt, fliegt man noch, durch einen Riesenraum voll Leere und Energie, in früheren Zeiten gern als „Äther" bezeichnet. Da sieht man voraus, was auf einen zukommt, zutreibt. Man hat dieselbe Perspektive wie ein Raumfahrer. Deshalb kann man auch als Astronaut, distanziert von der Erde, ergriffen und religiös werden. Das Früchtchen Erde – man muss es kosten oder durchmachen. Die Welt ist zum Leben, zum Integrieren da, mehr gibt es nicht zu sagen. Es geht so lapidar zu wie essen. In Träumen hat man die Erinnerung daran, dass es eine Vorzeit gab, fern von Welt und Materie, weit drüben im Kosmos, dass das Erdenleben nur eine kurze Mahlzeit ist, die übrigens mit Schuld nichts zu tun hat und die ein Engel initiiert und bestimmt. Vor und nach dem Erdenleben ist man einem Kosmonauten vergleichbar –

der aber nichts an Speise braucht. Auf der Welt jedoch muss man „essen", was einem vorgesetzt wird ...

11. Der Anflug auf die Erde – die Geburt Oder: So schwebt man ein

Nun zum Erlebnis der erfolgereichen Landung, der gelungenen Geburt, des Einschwebens auf der Erde: Eine 54-jährige Frau träumt:

„Irgendwo im All, Universum. Rundherum wunderschön, ganz klare Luft, rundherum viele Sterne. Wir sind zu mehreren an einer kleinen Stelle (Insel, Wolke?) wie in Warteposition. Haben ein vollkommenes Gemeinschaftsgefühl. Verständigung ohne Worte (Gedankenaustausch). Haben ein Gefühl ängstlicher Erwartung. Jemand (‚Lehrer') erklärt, dass bald der Zeitpunkt für uns da ist, uns fallen zu lassen, um zur Erde zurückzukehren. Die nebelartige graue Schicht, die wir tief unter uns sähen, wäre die Erdatmosphäre. Den freien Fall bis dahin würden wir bewusst erleben. Es würde sich ändern, sobald wir die Schicht erreichten. Manche würden den Aufprall nicht überstehen. Für manche wäre es so schlimm, dass sie ohnmächtig würden und erst wieder zu sich kämen, wenn sie an Ort und Stelle seien. Wieder andere würden sich mit viel Anstrengung durch diese Schicht hindurchkämpfen. – Er [der ‚Lehrer'] sagt weiter, wir bräuchten das Ganze nicht nur aus der Perspektive von oben betrachten, alles würde auch gleichzeitig innen in uns selbst

stattfinden. Bald würde jeder einzelne von uns innerlich einen Impuls verspüren, das wäre genau der Zeitpunkt des Fallenlassens. Wie das weiter für jeden einzelnen aussähe, könne er uns nicht sagen, das wäre individuell, wie es zum Weg des jeweiligen passe. Wir werden still und nachdenklich, wissen, dass wir uns dem Kommenden nicht entziehen können. Ich sehe hinunter und frage mich ängstlich, was mich erwarten wird."

Die Träumerin hatte bei der Geburt ihre Mutter verloren und einen Kaiserschnitt durchlebt (mit sogar einer kleinen Verletzung am Kopf). Die Mutter hatte ihren Tod vorausgeahnt, das wurde jedenfalls der Tochter später erzählt. Tatsächlich haben wir in unserem Unbewussten, im Traum, ein Wissen um unsere Geburtsumstände, ebenso eine Ahnung von unseren Todesumständen. Todeserfahrungen evozieren, dass eine Jenseitsschau, wie sie in diesem Traum vorliegt, öfter im Unbewussten auftaucht. Zuletzt stärken „viele Tode" den „Ich-Kern", in seinem Wissen um die Ewigkeit, so Rudolf Steiner.

In diesem Traum hier haben wir also die Kenntnis vom Stadium vor der Geburt. Die Information über das „Einschweben", Landen, ist mit einem gewissen Schreck verbunden, mit Sturz-, Fall-Aspekt, was den dramatischen, todnahen Geburtsumständen der Träumerin entsprechen dürfte bzw. auch den Angstgefühlen der Mutter. „Wunderschön" ist es im Himmel, quasi oben über der Erde (auch üblicherweise oder parallel im Uterus). „Sterne" kennen wir volkstümlich oder mythologisch als Reflex oder Aufenthalt der Seelen im

Jenseits. So ein Traum erweist, dass wir **vor** dem Weltleben bereits einen Ich-Kern, ein Bewusstsein haben. Der Archetyp „eine Insel verlassen" ist für das Verlassen des Seligkeitsreiches häufig, umgekehrt gehen wir beim Tod zu der „Insel der Seligen". Vor einer Geburt oder Inkarnation ist man in einer „Warteposition", Warteliste oder Warteschleife. Je näher wir der göttlichen oder himmlischen Sphäre noch sind (oder später wieder), umso größer ist unser „Gemeinschaftsgefühl", diese Art von approximativer Einheit, die das Gegenteil zur weltlichen Separation, Individualisierung, zum Individualismus ist – hier ist die „Gemeinsamkeit vollkommen". Im Himmel herrschen starke Einheitsgefühle. Ein Mehr von Gemeinschaftlichkeit ist ein Mehr von der Qualität des Himmels. Im Himmel leben die Wesen in einer Entität, in einer Gruppe, wo sie sich einerseits als Einheit fühlen, aber auch gleichzeitig eine Ahnung von ihrer Individualität haben, diese ist aber schwächer als auf der Erde. Die „Wolken" am Anfang des Traumes sind ein Archetyp für Geistiges, für die geistige Welt, auch ggf. für göttliche Wesen. Wenn der Mensch auf die Erde kommt, verlässt er also eine Gruppe. In manchen Träumen stehen für diese Gruppe archetypisch die Gleichaltrigen oder die Klassenkameraden. Die „nebelartige graue Schicht" könnten wir als Konkretum ansehen für die Erdatmosphäre, aber im übertragenen Sinne deutet es an, dass der Positionswechsel wie durch eine Todespassage hindurchgeht bzw. dass man auf der Erde in einen Bereich eintaucht, wo es den Tod gibt. Nebelland (Archetyp) = Todesland. Oder wir mögen auch nur von einem nebelartigen Tunnel sprechen. Bekannt und zutreffend ist auch, dass unser Bewusstsein vom und im

Himmel, das Wissen von der Vor-Zeit, beim Ankommen auf der Erde ins Unbewusste hinab sinkt (tibetischer Buddhismus: dein Bewusstsein fällt in Ohnmacht bei der Geburt). Den „Aufprall" bei der Geburt oder als Geburt überstehen tatsächlich manche nicht. Man kann davon ausgehen, dass generell zu einer erfolgreichen Inkarnation eine Reihe von gescheiterten vorangegangenen Inkarnationsversuchen gehört...

Dass es im Himmel eine „Verständigung ohne Worte" gibt, ist eine zutreffende Beschreibung der mentalen Kommunikation unter geistigen Wesen. Wenn man sich im Himmel sieht oder trifft, weiß man sofort, was der andere will, meint, denkt. Die Qualitäten oder Zutaten oder Gestaltungen drücken die Gedanken und Gefühle unmittelbar aus; und es gibt dort keinerlei Verstellung, alles ist eine direkte Wahrheit. Diese Verständigung unter Geistwesen, Engeln hat der Seher E. Swedenborg, den schon Goethe schätzte, ausführlich beschrieben. Mit dem „Fallen" könnten wir auch eine Assoziation zu dem Bilde des Menschen als einem „gefallenen Engel" herstellen. Die Gruppe im All wird also von einem „Lehrer" geleitet. Er ist sozusagen der Geist, Anführer, Guru der Gruppe, der Gemeinschaft. Er zeigt an, dass es überall im Kosmos eine Art Hierarchie gibt („heilige" Ordnung, Struktur mit Unter- und Überordnung). Er ist der „Engel", verlängerte Arm Gottes, der sich um eine Gruppe von Lebewesen kümmert, für einen speziellen Schöpfungsbereich zuständig ist – so kann man ihn nennen. Auch ist er der eigene Engel, die höhere, geistige, gemeinschaftlichere, idealste geistige Gestalt der Träumerin (das erzeugende Urbild, eine Bewusstseinsform). Er ist der Helfer, der

Anleitung gibt, wie er uns wohl auch bei der Wahl eines neuen Erdenlebensmusters im Himmel zur Verfügung steht und uns auch bei der späteren Realisierung unsichtbar begleitet (und besonders auch im Tod als Sterbeengel wieder auftritt). Er ist immer viel mehr ein „Gruppen"-Engel (auch ggf. Sippschaftsengel, als isländ. fylgja) als ein Individual-Engel.

Es sind dann die Kämpfe, Anstrengungen beschrieben, wie sie für einen Geburtsprozess üblich sind. Trotz aller möglichen, vielleicht negativen Umstände bei der Geburt hat sich dort jeder ein „Erfolgserlebnis" geholt. Etwas weniger stark ist es leider bei Kaiserschnittkindern, die den Erfolg der betont eigenen Anstrengung nicht so manifest erleben konnten. Von dem Erfolgserlebnis zehrt der Mensch im Leben.

Nach dieser Beschreibung der Schmerz-, Angst-, Kampfphase kommt eine hochspirituelle Wahrheit in den Traum: Innenwelt und Außenwelt sind identisch! Die Materie kann man als Spiegel des Geistigen verstehen. Die innere Entwicklung, die wir durchmachen, läuft als Gleichnis, Analogie, Stellvertretung im äußeren Geschehen ab. Jede Materie-, Personen-, Schicksalsbegegnung ist im Grunde eine Selbst-Begegnung, ständig agieren wir mit den Projektionen unseres Geistes, mit den gestaltgewordenen Schöpfungen unseres Unbewussten. Die Weltmaterie hat nicht nur eine Eigen-Realität, sondern sie ist auch ein Symbol, sie ist der „Schleier der Maya" für reingeistige, innere Prozesse. So gilt auch für ein Erdenleben, dass der Lebens-, Entwicklungsprozess in **zwei** Schichten abläuft, innen und außen, materiell und geistig; diese entsprechen sich, sind ein analoges Doppel. Die Vergänglichkeit oder äußere Geschichte ist eben ein „Gleichnis" – vielleicht mehr nicht. Die materielle Weltgeschichte ist nicht nur um ihrer selbst willen da, sondern sie ist Symbol, Funktion, Anschauungsmaterial für geistige Prozesse. So stellt auch die materielle „Weltkugel" ein „Lebewesen" in der geistigen Welt dar (vgl. Martinus). Je näher wir dem Himmel kommen, umso mehr entfällt die Notwendigkeit, den Seelen- und Geisteszustand auch materiell als vergängliche Projektion darzustellen oder so erfahrbar zu machen. Für „Welt" ist das aber die Bedingung. So sollten wir unser Leben besser und wahrer verstehen: alles findet auch „gleichzeitig innen" (dazu sagen wir normalerweise: geistig) in uns selber statt (vgl. z.B. die Tabula Smaragdina). Unsere Schöpfungen sind unser gestaltgewordener Geist, parallel, synchron. Jedes Leben ist eine geistige, analoge, symbolische Botschaft. Es eignet dem „Menschen" bei seinem einen langen Fall und in seinen vielen Fällen, dass er sich seiner selbst bewusstwird durch das Außen, durch Projektion und Produktion, durch Entäußerung und Gegenüberstellung. Übrigens agiert Gott, in rhythmischen Abständen, ebenfalls so, innerlich und äußerlich.

Dann wird in dem Traum von dem „Impuls" gesprochen – hier sehen wir eine göttliche Kraft, die alle Lebensprozesse, als wenn es elektrisch vor sich ginge, steuert. Die höchste Wahrheit der Impulsgebung, selbst im banalen Herzschlag, ist uns nicht zugänglich. Wir empfangen, erleiden das nur, führen es aus. Auch in diesem Traum werden keine Verstehenshintergründe für diesen „Impuls" geliefert – wir können nur sagen, dass wir ihn, Objekt seiend, verspüren, z.B. als Geburtsimpuls.

Die Wege der himmlischen Gruppenmitglieder trennen sich auf der Erde immer mehr (und es treffen sich hier die, die sich vorher verabredet haben, sagt man). Jedes Lebensschicksal ist einmalig; es macht sich bemerkbar, dass jeder seine unterschiedliche Position in seinen geistigen Entwicklungsstufen hat, neben dem Gemeinschaftlichen. Die Unterschiede der Schicksale sind notwendig, damit überhaupt Interaktion auf der Erde geschehen kann, dass irgendetwas auf irgendetwas anderes „reagiert" – es ist also eine Bedingung für Leben im gängigen Sinne. Und wie jeder sein Leben, sein Schicksal hat, so „passt" es zu ihm. Weisheit liegt daher in der Akzeptanz des Schicksals – nicht in der Ablehnung.

Zum Schicksalsthema liefert dieser Traum die Information, dass man sich „dem Kommenden **nicht** entziehen" kann. Die Aufgabe, die Bedingungen unserer Biographie sind zu erfüllen. Ob nun das individuelle Weltleben von Gott ausgesucht ist, vom Engel-Lehrer in der geistigen Welt bestimmt oder mit-bestimmt ist, von uns selbst im Zwischenreich (Bardo) gewählt ist, ob es uns als von den webenden Schicksalsgöttinnen zugeteilt vorkommt oder ob wir gar meinen, andere materielle Mächte oder Personen (z. B. die Eltern, Vorfahren, die Gesellschaft) würden es uns aufzwingen – es führt kein Weg daran vorbei, es auszuführen, im höheren Sinne „passt" es zu uns.

Mit dem Beginn des Weltlebens zieht dann auch die **Angst** ein, und zwar schon dann, wenn wir kurz vor der Geburt auf unser Erdenleben, unsere Zukunft herabsehen und vorausblicken. Wir sind „fragend", die Unwissenheit ist unsere elementare Angstquelle. Da wir, eingetaucht in die Erdatmosphäre als Welt-Menschen, dann bald nicht mehr wissen, was uns „erwartet", ereilt uns mit dieser Unsicherheit die typische psychologische Bedingung für Angst, nämlich die Erwartungsangst. Wir haben auf der Erde das elementare Gefühl, die Zukunft nicht steuern zu können, besonders nicht ungünstige Veränderungen, nämlich Leid und Tod, abwenden zu können. Daher erzeugen die Unwissenheit und die Machtlosigkeit, die parallel gehen mit dem Verlassen, Vergessen der Ewigkeit und des Gottesraumes, notwendigerweise die Angst. Sie begleitet uns hier unser Leben lang. Und verschwindet erst wieder mit dem Tod, wenn wir zu den Sternen, zu unserer Gruppe und zu unserem Lehrer zurückkehren. – In dem Traum heißt es auch, dass wir auf die Erde „zurück" kommen bei der Geburt – also ein klarer Hinweis auf die Wiedergeburtslehre.

VI.

Anmerkungen

1) C.G. Jung, Die Bedeutung der Psychologie für die Gegenwart, in: Wirklichkeit der Seele, 1934, Paperback 1969, zitiert in: C.G. Jung, Mensch und Seele, aus dem Gesamtwerk ausgewählt von Jolande Jacobi, Walter-Verlag, Olten 1971, S. 79

2) C.G. Jung, Die praktische Verwendbarkeit der Traumanalyse, in: Gesammelte Werke Bd. 16, 1958, S. 161; zitiert in: C.G. Jung, Mensch und Seele, aus dem Gesamtwerk ausgewählt von Jolande Jacobi, Walter-Verlag, Olten 1971, S. 77

3) Kahlil Gibran, Der Prophet. Wegweiser zu einem sinnvollen Leben, Olten: Walter-Verlag 1982, S. 59-60.

4) Vgl. dazu die Forschungen des Bonner Neurologie-Professors Detlef Linke, ab 2000/2001

5) so H.B. Flöttmann mit seinem Programm „Traumanalyse", läuft unter Windows, Wilhelm-Griesinger-Institut in Kiel, und in seiner Zusammenstellung über die „Häufigkeit der Traumsymbole"; in: Träume zeigen neue Wege, Göttingen 2004

6) Quelle: Karl Spiesberger, Die Masken des Traumes. Das Traumgeschehen in tiefenpsychologischer und okkulter Bedeutung, Berlin Schikowski Verlag 1986, S. 60

7) in: M. Kastinger Riley, Hildegard von Bingen, 3. Aufl. 1998, Reinbek, S. 88; hieraus auch die Hildegard-Stellen zitiert

8) ebenda, S. 112

9) Rainer Schandry, Biologische Psychologie. Ein Lehrbuch, Beltz Verlag, Weinheim 2003, S. 409

10) zitiert in: C.G. Jung, Mensch und Seele, aus dem Gesamtwerk ausgewählt von Jolande Jacobi, Walter-Verlag, Olten und Freiburg im Breisgau 1971, S. 77

11) Zitate aus: Laura Hermes, Aphrodites Traum, (ursprünglich erschienen im Artemis u. Winkler Verlag, Zürich/Düsseldorf 1996, als „Traum und Traumdeutung in der Antike"), später dasselbe Buch unter dem o.g. anderen Titel im Königsfurt Verlag, 2.000

12) Artemidor, Traumkunst, aus dem Griechischen übersetzt von Friedrich S. Krauss, Leipzig, Reclam 1991, S. 49

13) Aus Laura Hermes, Aphrodites Traum, (ursprünglich Artemis u. Winkler Verlag, Zürich/Düsseldorf 1996, als „Traum und Traumdeutung in der Antike"), später dito Königsfurt Verlag 2.000, S. 171

14) Das arabische Traumbuch des Ibn Sirin, aus d. Arabischen von Helmut Klopfer, München 1989, Diederichs Verlag, S. 19

15) aus: Die Volks-Traumbücher des byzantinischen Mittelalters, aus d. Griech. übers. von Karl Brackertz, dtv, München 1993, S. 9, 10, 11 und 15

16) aus: Das arabische Traumbuch des Ibn Sirin, aus d. Arabischen von Helmut Klopfer, München 1989, Diederichs Verlag

17) Nigel Palmer und Klaus Speckenbach, Träume und Kräuter. Studien [...] zu den deutschen Traumbüchern des Mittelalters, Böhlau Verlag Köln Wien 1990

18) aus: Worte wie Spuren. Weisheit der Indianer, hrsg. v. Maria Otto, Herder Verlag, Freiburg im Breisgau 1993, S. 89

19) Zitiert bei Günter Pössiger, Traumbuch, Humboldt Taschenbuch Verlag, München 1974, S. 41

20) aus: Gesang Gottes. Die Bhagavad Gita für jeden Tag des Jahres, Baden-Baden 1982, S.227

21) Shankara, Das Kleinod der Unterscheidung, O.W. Barth Verlag, Bern, ohne Jahr, S. 28

22) ebenda S. 30

23) Diese Zusammenfassung sowie einige Osho-Zitate stammen aus dem Kapitel „Die Psychologie der Träume", in: Osho, Esoterische Psychologie, Zürich 1991, S. 91ff.

24) Ernst Aeppli, Der Traum und seine Deutung, Droemersche Verlagsanstalt Th. Knaur Nachfolge, 2. Auflage, München o. J., S. 149 [Knaur Tb. 4116; original Zürich 1943])

25) aus: Dichter erzählen ihre Träume. Selbstzeugnisse deutscher Dichter aus zwei Jahrhunderten, hrsg. von Martin Kiessig, Urachhaus Verlag, Stuttgart 1976, S.221

26) Franz Kafka, Träume. „Ringkämpfe jede Nacht", hrsg. von Gaspare Giudice und Michael Müller, Fischer Taschenbuch Verlag, Frankfurt am Main 1993 [ursprünglich Palermo 1990]; fi Tb 11148; S. 58f.

27) Günter Pössiger, Traumbuch, Humboldt-Taschenbuchverlag Jacobi KG, München 1981, S. 70 [humboldt Tb. 226]

28) aus: Sigmund Freud, Die Traumdeutung, Fischer Tb. (Nr. 428), S. Fischer Verlag Frankfurt am Main, 1961, S. 176; Copyright London 1942; Original Wien 1900.
Sowie: Enzyklopädie der Traumdeutung. Ein Nachschlagewerk, Sonderausgabe, o.J. und o.O. [von Adrienne von Taxis, Wien 1997]
Der Traum mit den 3 Parzen ist sowohl bei Erich Fromm als auch in der o.g. Enzyklopädie auf S. 183 zitiert, und hier aus Freuds Originalwerk, nämlich aus Freuds „Traumdeutung", S. 176, entnommen.

29) Erich Fromm, Sigmund Freud. Seine Persönlichkeit und Wirkung, München dtv 1959 >> zitiert in der unter 28) angeführten Enzyklopädie von A. von Taxis, S. 183 und 185; der zweite kleine Traum mit den Vogelschnäbeln findet sich in Fromms Buch, hier aber zitiert nach S. 185 in der o.g. Enzyklopädie...

30) In der unter 28) angeführten Enzyklopädie findet sich S. 186 oben diese Stelle.

31) aus: Dichter erzählen ihre Träume. Selbstzeugnisse deutscher Dichter aus zwei Jahrhunderten, hrsg. von Martin Kiessig, Urachhaus Verlag, Stuttgart 1976, S.118-121

32) Koptisch-gnostische Schriften aus den Papyrus-Codices von Nag-Hamadi, hrsg. und übersetzt von Leipoldt und Schenke, Reihe Theologische Forschung, 20, Hamburg-Bergstedt 1960, S. 16

33) Marie-Louise von Franz, C. G. Jungs Auffassung von Alter und Tod und ihre Bedeutung für die analytische Therapie alter Menschen, in: Hilarion Petzold und Elisabeth Bubolz (Hrsg.): Psychotherapie mit alten Menschen, S. 131-143, Junfermann Verlag, Paderborn 1979, S. 136

34) Edward F. Erdinger, Der Weg der Seele. Der psychotherapeutische Prozeß im Spiegel der Alchemie, Kösel Verlag, München 1990, S. 134

35) The Journals and Miscellaneous Notebooks of Ralph Waldo Emerson, hrsg. v. W.H. Gilman u.a., Harvard University Press, Cambridge, Mass., 1960, 7:525 >> übersetzt und zitiert in : Edward F. Erdinger, Der Weg der Seele, siehe Nr. 34), S. 160

36) M. Lurker, Götter und Symbole der alten Ägypter, Berg. Gladbach 1991, S. 157

VII.

Literaturauswahl

Aeppli, Ernst, Der Traum und seine Deutung, Eugen Rentsch Verlag, Zürich 1943

Artemidor von Daldis, Traumkunst (Oneirokritikon), aus d. Griech. übersetzt und bearbeitet von Friedrich S. Krauss et. al., Reclam-Verlag, Leipzig 1991

Bächtold-Stäubli, Hanns, Hrsg., Handwörterbuch des deutschen Aberglaubens, unveränderter photomechnanischer Nachdruck der Ausgabe Berlin und Leipzig 1927-1942, Verlag Walter de Gruyter, Band 1 bis 10, Berlin und New York 1987

Betz, Otto, Das Geheimnis der Zahlen, Kreuz-Verlag, Stuttgart 1981

Biedermann, Hans, Knaurs Lexikon der Symbole, Droemer Knaur Verlag, München 1989

Brackertz, Karl, Übersetzer und Hrsg., Die Volks-Traumbücher des byzantinischen Mittelalters, Deutscher Taschenbuch Verlag, München 1993

Cheiro, das Buch der Zahlen, Verlag Hermann Bauer, Freiburg i.Br., 7. Aufl. 1989

Cooper, J.C., Illustriertes Lexikon der traditionellen Symbole, aus dem Englischen, VEB E.A. Seemann Verlag, Leipzig 1986 [mit Nachdrucken in Westdeutschland]

Edinger, Edward F., Der Weg der Seele. Der psychotherapeutische Prozeß im Spiegel der Alchemie, Kösel Verlag, München 1990

Endres, Franz Carl, und Annemarie Schimmel, das Mysterium der Zahl. Zahlensymbolik im Kulturvergleich, Eugen Diederichs Verlag, Köln 1984

Flöttmann, Holger Bertrand, Träume zeigen neue Wege. Systematik der Traumsymbole, W. Kohlhammer Verlag, 2. Auflage Stuttgart 2004

Franz, Marie-Louise von, Traum und Tod. Was uns die Träume Sterbender sagen, Kösel Verlag, München 1984

Freud, Sigmund, Die Traumdeutung, Fischer Taschenbuch Verlag, Frankfurt 1961 [ursprünglich Wien 1900; später noch viele Ausgaben]

Grof, Stanislav und Christina, Jenseits des Todes: an den Toren des Bewusstseins, (London 1980), deutsch: Kösel-Verlag München 1984

Jacobi, Jolande, Vom Bilderreichtum der Seele. Wege und Umwege zu sich selbst, Walter Verlag, Olten und Freiburg i.Br., 3. Aufl. der Sonderausgabe 1983

Jung, Carl Gustav, Archetypen, Ausgabe Deutscher Taschenbuchverlag (dtv), München 1990

Jung, Carl Gustav, Kinderträume (Kindertraum-Seminare C.G. Jungs von 1936-1941), hrsg. von Lorenz Jung und Maria Meyer-Grass, (Appendixband zu den Gesammelten Werken von C.G. Jung), Olten und Freiburg i.Br., 1987

Jung, Carl Gustav, Der Mensch und seine Symbole, Walter Verlag, Olten und Freiburg i.Br., 7. Aufl. 1974

Jung, Carl Gustav, Mensch und Seele. Aus dem Gesamtwerk 1905-1961 ausgewählt und herausgegeben von Jolande Jacobi, Walter Verlag, Olten und Freiburg i.Br., 4. Aufl. 1973

Jung, Carl Gustav, Traum und Traumdeutung, Deutscher Taschenbuchverlag, München 1990

Hark, Helmut, Der Traum als Gottes vergessene Sprache. Symbolpsychologische Deutung biblischer und heutiger Träume, Herder Verlag, Freiburg im Breisgau, 1993

Hark, Helmut, Hrsg., Lexikon Jungscher Grundbegriffe, Walter Verlag, Olten und Freiburg i.Br. 1988

Harnisch, Günter, Träume lösen Lebenskrisen. Anleitung zur Traumarbeit mit Kindern, Herder Verlag, Freiburg i.Br. 1985

Heinz-Mohr, Gerd, Lexikon der Symbole, Eugen Diederichs Verlag, Neuausgabe München 1998

Hermes, Laura, Aphrodites Traum. Traumdeutung in der Antike, Königsfurt Verlag, Königsförde 2000 (ursprünglich als: Traum und Traumdeutung in der Antike, Artemis und Winkler Verlag, Zürich/Düsseldorf 1996)

Hillman, James, Am Anfang war das Bild. Unsere Träume – Brücke der Seele zu den Mythen, aus dem Amerikan., Kösel Verlag, München 1983

Kafka, Franz, Träume. Ringkämpfe jede Nacht, hrsg. von Gaspare Giudice et al., aus dem Italienischen (Palermo 1990), Fischer Taschenbuch Verlag, Frankfurt/M. 1993

Kiessig, Martin, Hrsg., Dichter erzählen ihre Träume, Verlag Urachhaus, Stuttgart 1976

Klopfer, Helmut, Übersetzer und Kommentierer, aus dem Arabischen, Das arabische Traumbuch des Ibn Sirin, Eugen Diederichs Verlag, München 1989

Lurker, Manfred, Die Botschaft der Symbole. In Mythen, Kulturen, Religionen, Kösel Verlag, München 1990

Lurker, Manfred, Lexikon der Götter und Symbole der alten Ägypter, Scherz Verlag, Bern und München 1974

Lurker, Manfred, Hrsg., Wörterbuch der Symbolik, Kröner Verlag, Stuttgart 2. Aufl.1983

Mertens, Wolfgang, Traum und Traumdeutung, C.H. Beck Verlag, München 1999

Nagera, Humberto, Hrsg., Psychoanalytische Grundbegriffe. Eine Einführung in Sigmund Freuds Terminologie und Theoriebildung, aus dem Englischen (London 1974), Fischer Taschenbuchverlag, Frankfurt/M. 1987

Odent, Michel, Die Wurzeln der Liebe. Wie unsere wichtigste Emotion entsteht, aus dem Englischen, Walter Verlag, Düsseldorf 2001

Oesterreicher-Mollwo, Marianne, Bearbeiterin (im Auftrag der Herder Lexikonredaktion), Herder Lexikon Symbole, 7. Aufl., Herder Verlag, Freiburg i.Br. 1978

Otto, Maria, Hrsg., Worte wie Spuren. Weisheit der Indianer, Herder Verlag, 7. Aufl., Freiburg, Basel, Wien 1993

Palmer, Nigel, und Klaus Speckenbach, Träume und Kräuter. Studien [...] zu den deutschen Traumbüchern des Mittelalters, Böhlau Verlag, Köln und Wien 1990

Pössiger, Günter, Traumbuch, Humboldt Taschenbuchverlag, München 1974

Riedel, Ingrid, Farben in Religion, Gesellschaft, Kunst und Psychotherapie, Kreuz Verlag, Stuttgart 4. Aufl. 1985

Riedel, Ingrid, Formen. Kreis – Kreuz – Dreieck – Quadrat – Spirale, Kreuz Verlag, Stutgart 2. Aufl. 1985

Schandry, Rainer, Biologische Psychologie. Ein Lehrbuch, Beltz Verlag, Weinheim, Basel, Berlin, 2003

Schimmel, Annemarie, sieh: Endres

Schliephacke, Bruno, Bildersprache der Seele. Lexikon zur Symbolpsychologie, Telos-Verlag, Berlin 1979

Schredl, Michael, Träume. Die Wissenschaft enträtselt unser nächtliches Kopfkino, Ullstein Verlag, Berlin 2007

Sechrist, Elsie, Das große Traumbuch, aus dem Amerikan. (Dreams – Your Magic Mirror), mit einem Geleitwort von Hugh Lynn Cayce, Pawlak Verlagsgesellschaft, Herrsching 1992

Spiesberger, Karl, Die Masken des Traumes, Verlag Richard Schikowski, Berlin 1986

Steiner, Rudolf, Über den Traum und seine Entwicklung zum bewussten höheren Wahrnehmen, hrsg, von Herbert Senft, Verlag Die Pforte, Dornach/Schweiz 1997

Taxis, Adrienne von, Enzyklopädie der Traumdeutung. Ein Nachschlagewerk, Sonderausgabe (ohne Verlagsangabe), Wien 1997

Tholey, Paul, und Kaleb Utecht, Schöpferisch träumen. Wie Sie im Schlaf das Leben meistern: Der Klartraum als Lebenshilfe, Klotz Verlag, Eschborn 2.000

Vollmar, Klausbernd, Handbuch der Traum-Symbole. Die Bildersprache der Träume verstehen und nutzen, Wilhelm Heyne Verlag, München 2007

Weinreb, Friedrich, Zahl – Zeichen - Wort. Das symbolische Universum der Bibelsprache, Thauros Verlag, Weiler im Allgäu, 2. Aufl. 1986